O Segredo da Autorrealização

I. K. TAIMNI

O Segredo da Autorrealização

Pratyabhijñā Hṛidayam de Kṣemarāja

Editora Teosófica
Brasília-DF

Título do original em inglês
The Secret of Self-realization

Edição 1974
The Theosophical Publishing House
Adyar, Chennai, Índia

EDITORA TEOSÓFICA
SGAS Quadra 603, Conj. E, s/nº
70.200-630 - Brasília-DF - Brasil
Tel.: (61) 3322-7843
Fax: (61) 3226-3703
E-mail: editorateosofica@editorateosofica.com.br
Site: www.editorateosofica.com.br

T129 I. K. TAIMNI

O Segredo da Autorrealização

Brasília, 2009
ISBN 978-85-85961-99-2

CDD 130

Capa: Francisco Regis Ferreira Lopes
Diagramação: Reginaldo Mesquita
Tradução: Edvaldo Batista de Souza e Milton Lavrador
Equipe de Revisão: Maria Coeli Perdigão B. Coelho, Ricardo Lindemann e Zeneida Cereja da Silva
Impressão: Gráfika Papel e Cores - Fone: (61) 3344-3101
E-mail: papelecores@gmail.com

Sumário

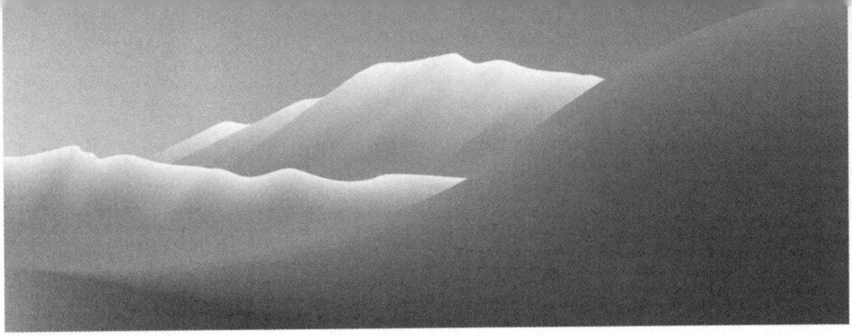

Prefácio

Pratyabhijñā Hṛidayam[1], embora não muito conhecido, é uma das obras primas da literatura oculta. Para dar ao estudante uma ideia da abrangência e grandeza filosófica do que se procura condensar em somente vinte aforismos, contidos neste tratado, devemos primeiro ter uma visão de conjunto do panorama das realidades interiores que são objeto desta valiosa obra. Isso habilitará o estudante a julgar, mais facilmente, o valor deste pequeno tratado como uma exposição magistral, em forma extremamente condensada, do conhecimento essencial necessário a um aspirante para trilhar o caminho do ocultismo prático. E ele estará apto para desenvolver a capacidade de explorar, por seu próprio esforço mental e compreensão intuitiva, o vasto acervo de conhecimento oculto que está apenas indicado nos aforismos. Por esta razão, é um livro muitíssimo conveniente àqueles que estão aprendendo a arte da meditação, para que possam mergulhar mais fundo nas

[1] Literalmente: *Pratyabhijñā* significa reconhecimento espontâneo (ramo da Filosofia *Śaiva (ou Shivaísta)* , escola mística de Kashmir; *Hṛidayam* significa: Coração, no sentido do que é mais essencial. (N.E.)

regiões interiores do conhecimento e daí extraírem aquilo que não pode ser expresso por meio da linguagem.

Analisando os aforismos para nossa finalidade presente, podemos dividi-los em grupos, de acordo com a abordagem dos aspectos específicos do tema central deste livro, que é a autorrealização ou "percepção" da nossa natureza espiritual real, pelos métodos do *yoga*.

É óbvio, que se um aspirante está envolvido pelas ilusões e limitações do mundo e perdeu a consciência de sua própria natureza divina, como resultado desse envolvimento, necessita conhecer a natureza essencial do mundo no qual está inserido, a fim de compreender e aplicar os meios necessários para recuperar sua liberdade. Para esta finalidade, não é preciso ter um conhecimento detalhado da cosmogênese ou questões filosóficas correlatas, mas somente noções fundamentais e essenciais da natureza do universo, o que lançará luz sobre a maneira de envolvimento e os meios de liberação. Os três primeiros aforismos do *Pratyabhijñā Hṛidayam* dão assim, num golpe magistral de pensamento filosófico, a origem e natureza do universo, em forma condensadíssima, mas tão claramente formulada que um aspirante pode compreender facilmente.

Depois de analisar a natureza do mundo no qual está inserido o *ātmā*[2] individual ou Mônada, o autor continua tratando da natureza da Mônada envolvida, cuja liberação das ilusões e limitações do mundo é o objeto da autorrealização. Considerando a Mônada e sua liberação,

[2] A palavra sânscrita "*ātmā*" significa "o sopro, a alma individual, eu, indivíduo abstrato, essência, etc." (MONIER-WILLIAMS, M. *A Sanskrit–English Dictionary*. Delhi, Motilal Banarsidass Publishers, 1995. p.135.), "alma, eu, espírito" (TYBERG, J.M. First Lessons in Sanskrit Grammar and Reading. Los Angeles, Howard Publishing, 1977. p. 220.), "alma, eu"(MACDONELL, A.A. A Sanskrit Grammar for Students. Oxford, Oxford University Press, 1982. p. 247.) Portanto, a expressão do autor "*ātmā* individual" poderia parecer uma redundância ou pleonasmo, mas sua intenção é enfatizar um de seus aspectos, pois o autor sustenta que *ātmā* também tem um aspecto universal. Na verdade, é um ensinamento básico das origens do Hinduísmo que "*ātman* é o princípio da consciência individual" (RADHAKRISHNAN, S. *The Principal Upanishads*. Oxford, Oxford University Press, 1990. p. 77.), referindo-se, evidentemente, ao Espírito de um Eu Superior imortal, e não ao eu inferior mortal e pessoal, ou ego psicológico. O Sr. J. Krihnamurti em seu diálogo com E.A. Wodehouse menciona que, mesmo após a libertação, permanece um "'Eu' [que] não é um 'ego'. É uma coisa muito mais sutil – singularidade individual (*individual uniqueness*)" (VAS, L.S.R. *The Mind of J. Krishnamurti*. Mumbai, Jaico

temos que distinguir entre sua natureza eterna, espiritual e o mecanismo psíquico efêmero, em que está envolvida, e do qual tem que se libertar. O aforismo quatro dá uma ideia desta eterna e divina Mônada oculta no mecanismo psíquico e mostra como está ligada de um lado à consciência universal, da qual deriva, e de outro ao mecanismo psíquico que a envolve. Aquilo que requereria muitos capítulos para ser explicado por qualquer erudito é exposto, simples e resumidamente, em um único aforismo que atinge o âmago do assunto, conseguindo assim dar uma ideia real e admiravelmente clara daquilo que se quer transmitir ao leitor. O segredo da exposição concisa e clara de qualquer assunto é ir direto ao ponto central da matéria a ser transmitida e comunicar sua essência com simplicidade.

Depois de salientar a natureza essencial do *ātmā,* no aforismo 4, o autor continua dando, no aforismo 5, uma ideia da natureza essencial da mente ou mecanismo psíquico, no qual o *ātmā* individual está aprisionado e através do qual funciona nos diferentes planos de manifestação. Vemos aqui, mais uma vez, em poucas palavras, a mesma exposição magistral de uma profunda verdade oculta, de vital importância para o aspirante. De acordo com este aforismo, a mente nada mais é que o espírito que desceu aos planos inferiores e criou o mundo mental individual pela diferenciação de sua consciência centralizada e, pela

---

Publishing House, 2008. p. 55). A Sra. Blavatsky também parece ter admitido esse caráter dual de *ātman* , com um aspecto individual e outro universal, uma vez que primeiramente, em *Ísis Sem Véu,* ela considera *ātman* como "Eu Sou" [" O '*ātman*', o Si-Mesmo, o poderoso Senhor e Protetor, assim que o homem o conheceu como o 'Eu Sou', o '*Ego Sum*', o '*Asmi*', deu a prova de todo o seu poder àquele que era capaz de reconhecer a 'voz do silêncio'". (BLAVATSKY, H.P. *Ísis sem Véu*. São Paulo, Ed. Pensamento, 1991. v. 3; p. 276)] e depois em instruções originalmente esotéricas do volume sexto de *A Doutrina Secreta* afirma que "*ātman*, embora considerado exotericamente o sétimo princípio, não é princípio individual: pertence à Alma Universal" (BLAVATSKY, H.P. *A Doutrina Secreta*. São Paulo, Ed. Pensamento, 1980. v. 6; p.90.) Dr. Taimni, de modo conciliador, assim sustenta esse caráter dual de *ātman*, com um aspecto individual e outro universal: "O veículo *átmico* pode também ser imaginado consistindo em um único átomo do Plano *Átmico* no qual a consciência tem a faculdade de expandir-se alternadamente com inconcebível rapidez, expandindo-se para incluir a consciência de todo o plano e contraindo-se num ponto para dar colorido individual a essa consciência que tudo abrange" (TAIMNI, I.K. *Autocultura à Luz do Ocultismo*. Brasília, Ed. Teosófica, 1997. p. 155.)

identificação de si mesmo com esse mundo, tornou-se envolvido e aprisionado nele.

O profundo significado desta relação básica, entre o puro espírito e a mente individual da qual é prisioneiro, deve ser cuidadosamente observado, porque ressalta um fato fundamental importantíssimo para o candidato à autorrealização. Este fato é que a mente individual é meramente um derivado do espírito e não tem existência separada dele. É por esta razão que é possível, pela prática do *yoga*, fazer a mente desaparecer e reverter ao estado de espírito do qual se originou. É claro que esta relação entre a mente e o espírito é inerente à doutrina oculta, na qual só existe uma realidade. Faz-se mister, porém, uma afirmação desta relação em termos bem claros, para nos lembrar seu profundo significado .

Na centralização e diferenciação da consciência, que leva ao envolvimento do espírito na matéria, conhecimento e poder tornam-se ambos enormemente limitados, devido à força de *māyā* que priva o *ātmā* individual da percepção de sua natureza real e, assim, o envolve nas ilusões dos mundos inferiores. No *Pratyabhijñā Hṛidayam*, as limitações do conhecimento e do poder são mencionadas separadamente, embora seja a limitação simultânea de ambos a responsável pelo envolvimento do indivíduo em *saṃsāra*.

A alma individual com seu conhecimento extremamente limitado e ilusório é mencionada como *māyapramātā* no aforismo 6. Esta expressão significa "um conhecedor cujo conhecimento é limitado e prejudicado por *māyā* ou ilusão". A limitação do conhecimento é tão devastadora que o *ātmā* individual, cuja consciência é essencialmente una com a consciência universal e, portanto, abrange todo o universo, torna-se a alma individual comum e passa a correr atrás de toda espécie de coisas no mundo irreal para satisfazer sua fome de felicidade.

No aforismo 4, são indicados a natureza essencial do *ātmā* individual ou Mônada e o mecanismo psíquico no qual está inserido. O aforismo 7 aborda mais uma vez a mesma questão, a fim de projetar mais luz nos aspectos, subjetivo e objetivo, de sua natureza. O *ātmā*, em seu aspecto subjetivo, é mostrado essencialmente como uno, mas funcionando como duplo, triplo e quádruplo na manifestação. O mesmo *ātmā,* em seu aspecto objetivo, provê a parafernália do universo manifestado e este aspecto complementar de sua natureza é denominado *prakṛti* na filosofia hindu, em contraste com *puruṣa*, o *Self* subjetivo. Este aspecto objetivo de sua natureza é considerado quíntuplo e sétuplo. Como esse aspecto é discutido no comentário sobre o aforismo 7, não necessitamos entrar nesse assunto agora.

Tendo definido e classificado os aspectos, subjetivo e objetivo, da realidade, o autor salienta, no aforismo 8, que o propósito dos diversos sistemas de filosofia é somente apresentar uma exposição destes aspectos, sendo que diferentes sistemas dão ênfase a diferentes aspectos. Este é um aforismo importante, porque define claramente o propósito de todo o pensamento filosófico e indica em que direção este pensamento deve se orientar, para servir a este propósito, em vez de serpear por toda espécie de veredas insignificantes, degenerando, às vezes, em exercícios intelectuais fúteis e sem finalidade, para satisfazer a curiosidade intelectual de um pequeno número de pessoas. Se este ponto de vista for reconhecido como sensato, ele não somente dará uma direção lógica ao pensamento filosófico, mas levará a filosofia a uma relação dinâmica com a religião e a ciência e mostrará a necessidade de se adotar uma abordagem integral para todos os problemas da vida humana.

A centralização e diferenciação da consciência fazem surgir o *ātmā* individual, cujo conhecimento é de tal modo limitado por este processo, que ele começa a proceder como um indivíduo desorientado, perdido na floresta dos desejos e das experiências mundanas. Mas a consciência e o poder são correlatos e não podem ser separados. Assim, quando o conhecimento é limitado dessa maneira, o poder deve ser proporcional e simultaneamente restringido. Não somente ele é limitado, mas sua atuação é contaminada pela força das ilusões que passam a envolver o indivíduo.

Não está realçado no aforismo 9, como este exercício do poder divino, que flui através do indivíduo, se torna viciado pela ignorância e a força das ilusões, porque esse fenômeno é demasiado comum e evidente. Mas o aforismo chama a atenção para o fato desta limitação do poder levar ao acúmulo de toda espécie de efeitos, sob a forma de *karma*, o que conserva o *ātmā* individual confinado aos mundos inferiores. Esses efeitos não podem existir no mundo da realidade, onde conhecimento e poder são ambos infinitos e incorruptíveis. Eles podem aparecer somente no mundo do irreal, onde o poder do *ātmā* individual é limitado e reduzido a um estado quase de impotência, nos primeiros estágios da evolução.

Quando a natureza espiritual do homem se torna suficientemente desenvolvida, o poder divino, oculto em seu coração, desce pelo centro de sua consciência em grau crescente e ele fica apto a dissipar, gradualmente, esses agentes de distorção e obscurecimento, que o mantêm envolto nas ilusões e atrações dos mundos inferiores. Esse poder continua crescendo mais e mais fortemente até que todas as ilusões e todos os laços que aprisionam a consciência estejam aniquilados e a Mônada iludida atinja a liberação através da autorrealização, como é mostrado no aforismo 15.

Haverá uma indicação exterior de que o indivíduo comum, imerso nas atrações e ocupações dos mundos inferiores, seja realmente uma expressão limitada da consciência universal fonte e base do universo manifestado? Os aforismos 10 e 11 tentam responder a esta pergunta. Eles indicam que, a despeito das grandes limitações impostas ao poder e à consciência universais quando centralizados, o indivíduo, embora iludido, continua a executar, inconscientemente e de maneira limitada, as funções divinas do macrocosmo, a deidade diretora de um sistema manifestado. É este fato que indica, até certo ponto, sua origem divina e as potencialidades divinas que nele estão ocultas. Quais são essas funções divinas e como são executadas no macrocosmo e no microcosmo foi explicado nos comentários sobre esses dois aforismos, os quais não necessitam ser discutidos aqui.

As limitações da consciência universal quando centralizada através de um centro individual de consciência privam o indivíduo da percepção de sua natureza divina. É a ilusão causada por esta privação que o faz correr atrás de toda espécie de objetos mundanos e lutar futilmente na procura da felicidade. Como é que a simultânea limitação do poder divino e a ilusão causada por *māyā* afetam o comportamento de tal indivíduo? O aforismo 12 busca lançar alguma luz sobre esta indagação. De acordo com ele, sob esta ilusão, o indivíduo começa a considerar o poder divino que flui pelos seus veículos como seu poder pessoal, que lhe pertence e que tem direito de usar quando e como bem entender. É essa atitude a responsável pelo quase universal uso errado do poder no mundo. Em vez de se considerar um mero depositário desse poder e usá-lo com propriedade, o indivíduo, que não tem senso de discernimento, começa a usá-lo de maneira irresponsável e mesmo abusivamente, para ganhos extremamente egoístas e às vezes com finalidades nefandas.

A procura cega do poder e o constante esforço de alcançá-lo, quando e onde possível, é a indicação mais segura de que o indivíduo está totalmente envolvido na ilusão do mundo. O uso errado do poder obtido desse modo é, por conseguinte, inevitável. Para o indivíduo que se ergueu acima das ilusões do mundo, mesmo que só um pouco, o poder não tem atrativo. Ele não o deseja nem o procura, pois isso significa acréscimo de responsabilidades que devem ser cumpridas cuidadosa e escrupulosamente. Mas quando o poder lhe vem naturalmente no exercício de seus deveres, ele não o rejeita, mas usa-o com propriedade, como um mandato da vida divina, que lhe colocou nas mãos esse poder. O uso certo do poder deve ser aprendido por todo aspirante que deseja se tornar um agente consciente da vida divina na execução do plano divino. Constitui uma parte da autodisciplina para atingir a autorrealização, sendo sua técnica chamada *niskāmakarma.*

Nos aforismos acima comentados, foram tratadas a centralização da Realidade e a limitação da consciência e do poder que resulta da perda de conhecimento de nossa natureza real. Surge a pergunta: É este processo reversível? Em outras palavras, é possível descentralizar a consciência e, por assim dizer, recuperando o conhecimento de nossa natureza real, transcender as ilusões em que estamos envolvidos? O aforismo 13 responde, afirmativamente, a esta pergunta e também explicita o princípio geral em que se baseia o método de atingir essa finalidade.

A fim de compreender o significado desse método, é necessário lembrar que quando a consciência se vê envolvida nos mundos inferiores, três coisas acontecem: (1) A consciência ou *citi* desce de seu estado integrado puro no mundo da Realidade ao estado diferenciado inferior dos mundos da mente ou *cittam.* (2) A mente se torna extroversa no processo. (3) O indivíduo perde o conhecimento de sua natureza real. É claro, portanto, que para a autorrealização ocorrer deve haver uma reversão nesses três processos. É isso que o aforismo 13 afirma de forma concisa. A mesma ideia é expressa em linguagem diferente nos aforismos II-10 e 11 dos *Yoga-Sūtras*.[3]

Para que o estudante não imagine que a reversão do processo de involução, objetivo da prática do *yoga*, é algo não-natural e imposto artificialmente do exterior, o aforismo 14 assinala claramente que é a involução da Mônada nos mundos inferiores que é antinatural, porque a Mônada pertence ao mundo da Realidade e está estabelecida no âmago de sua natureza no coração mesmo de *cit* e *ānanda.* É esse fato o responsável pela ânsia universal, consciente ou inconsciente, de recuperar a herança divina que a Mônada perdeu ao envolver-se nos mundos da manifestação. A Realidade que está oculta dentro de seu coração, mesmo no estado de servidão, é como um fogo que, automaticamente, começa a queimar tudo que é irreal em sua vida, e ganha cada vez mais intensidade no processo. Quando este fogo, que se expressa como discernimento espiritual, atinge a intensidade necessá-

[3] *Sūtra II*-10: "Esses, os (*kleśas*) sutis, podem ser reduzidos pela sua reabsorção de volta à sua origem".
Sūtra II-11: "Suas modificações ativas devem ser suprimidas pela meditação."
A Ciência do Yoga, de I. K. Taimni, Editora Teosófica, Brasília, 1996.

ria, aniquila toda a estrutura do mundo irreal e ilusório criado pela mente e brilha, sem obstrução, no coração do indivíduo iluminado com o seu divino esplendor, como diz o aforismo 15.

Depois de ter examinado o mecanismo do envolvimento da Mônada e o método geral pelo qual este processo pode ser revertido e a Mônada ser liberada das ilusões dos mundos inferiores, por meio da autorrealização, o autor continua a dar alguma indicação, no aforismo 16, sobre o estado de iluminação obtido desta maneira. Há três pontos a serem notados neste aforismo. O primeiro se refere à natureza essencial da Mônada que é divina e assim participa da natureza *sat-cit-ānanda* da divindade. A razão de somente dois dos três aspectos da divindade, *cit* e *ānanda*, serem mencionados nesse aforismo foi esclarecida no comentário sobre o mesmo.

O segundo ponto a ser notado, no estudo deste aforismo, é que, no estado de autorrealização, o mecanismo que a consciência desenvolveu nos planos inferiores e através do qual trabalha permanece intacto e a consciência continua a funcionar através dele como antes. Qual a diferença então entre o estado antes e depois da autorrealização? Como indicado no último aforismo, a diferença está na percepção desse mecanismo e de suas funções como essencialmente da mesma natureza da consciência e não separada e independente dela. É visto agora à luz desta Realidade e como parte dela, que é una, global e indivisível. Por conseguinte, esse mecanismo não obscurece o conhecimento da Realidade que abrange e contém tudo dentro de si própria. Este fascinante conceito foi tratado mais detalhadamente em alguns dos aforismos do *Śiva-Sūtra.*

O terceiro ponto a ser destacado, nesse aforismo, é que é a consecução deste estado supremo, no qual tudo, incluindo a mente, veículos e atividades do *ātmā*, é percebido como diferentes aspectos e expressões da Realidade Una, que libera a Mônada da escravidão dos mundos inferiores e a capacita a atuar neles como um indivíduo livre, quando e se necessário. Este estado de iluminação não apenas libera a Mônada da servidão, das limitações e das ilusões dos mundos inferiores, mas também promove sua libertação permanente e irreversível, uma vez que o processo de autorrealização tenha se completado. É necessário assinalar este fato, porque este processo é progressivo na natureza, e o estado final e irreversível só pode ser atingido através de uma série de estados intermediários, de vislumbres parciais e temporários da realidade. Se forem adotados os necessários meios sugeridos no aforismo 16, do *Pratyabhijñā Hṛidayam* e no aforismo III-24 do *Śiva-Sūtra*, o processo de iluminação é concluído e o indivíduo se torna, permanente e irreversivelmente, estabelecido no mundo da realidade. É a consecução deste estado de conhecimento da realidade, no meio dos assim chamados objetos irreais, que é mencionada no aforismo como *jīvanmukti dārdhyam*. Mas a libertação da necessidade de renascimento não é o objetivo final da autorrealização. Há mais um obstáculo a ser transposto para tornar esse processo completo e irreversível. Este último estágio é mencionado no aforismo 19 deste tratado e no aforismo III-25 do *Śiva-Sūtra*. Este estágio é também citado em alguns dos aforismos dos *Yoga-Sūtras*, p.ex. III-35, III-54 e III-55[4].

Como pode o estado mencionado no aforismo precedente ser atingido? O aforismo 17 dá a resposta numa sentença de cinco palavras que é, mais uma vez, uma obra prima de brevidade e clareza de expressão. Todos os estudantes da doutrina oculta estão familiarizados com a ideia de que o conjunto da realidade, em todos seus infinitos aspectos, está presente no centro da consciência humana, em camadas sucessivas, de profundidades insondáveis e esplendores inimagináveis, sendo a autorrealização, meramente, um meio de desvendar

[4] *Sūtra III*-35: "(Aplicando s*amyama*) ao coração, (obtém-se o) percebimento da natureza da mente".

Sūtra III-54: "Daí (de *vivekajuṃ-jñānam*) conhecimento da distinção entre similares que não podem ser distinguidos por classe, característica ou posição.

Sūtra III-55: "O altíssimo conhecimento nascido do percebimento da Realidade é transcendente, inclui a cognição de todos os objetos simultaneamente, incide sobre todos os objetos e processos do passado, do presente e do futuro e também transcende o Processo Mundial."

A Ciência do Yoga, I. K. Taimni. Editora Teosófica, 1996.

e desvelar essas realidades ocultas no centro. Este descobrimento é um processo de mudanças, progressivas e sem fim, na mente e na consciência do indivíduo, trazendo ao campo da consciência aqueles estados reais um após o outro. Mas no que concerne à evolução humana, há um estágio definido nesse processo que permite atingir a natureza *sat-cit-ānanda* da divindade. É este estágio de iluminação que é chamado autorrealização e liberta o indivíduo das ilusões e limitações dos mundos irreais.

O aforismo 18 enumera algumas das técnicas, utilizadas na prática do *yoga*, para o desenvolvimento do centro de consciência individual. Toda a ciência do *yoga* estuda estas técnicas de várias espécies e diferentes eficiências e as que são dadas no aforismo 18 devem ser consideradas meramente de caráter ilustrativo. Não é fácil compreender a natureza dessas técnicas que são em geral formuladas em linguagem velada e podem ser aprendidas por experiência prática transmitida por aqueles que são mestres neste ramo particular do *yoga*. Um exame cuidadoso e sério dessas técnicas mostrará ao estudante como elas podem servir ao propósito de descobrir o centro de consciência que é denominado *madhyavikāsa*, no aforismo 17.

A importância e o significado do aforismo 19 não residem apenas no fato dele dar uma forma gráfica ao método de atingir *nityodita samādhi*, a mais alta classe de *samādhi*, que libera o indivíduo, completa e permanentemente, das ilusões e limitações dos mundos inferiores. Seu real significado, que é da maior importância sob o ponto de vista prático, é que o aforismo 19 expõe, claramente, o ponto de que apenas atingir o *cit-ānanda*, que dá a libertação da necessidade de renascimento, não é o objetivo final do *yoga*. É *nityodita samādhi* o objetivo final, porque é esse que libera o indivíduo, permanente e irreversivelmente, da escravidão de *saṃsāra*.

O completo significado dessas práticas, usadas no último e mais elevado estágio do *yoga*, geralmente escapa ao estudante comum, e isso traz alguma confusão de ideias relativas à natureza e ao propósito dessas práticas, no processo de autorrealização.

Verifica-se a importância dessas práticas e sua natureza indispensável por serem também mencionadas, em linguagem ligeiramente diferente, em outros dois clássicos da literatura do *yoga*: *Yoga-Sūtras* e *Śiva-Sūtra*. Nos *Yoga-Sūtras*, é citado o *nityodita-samādhi* como *dharma-megha-samādhi* no aforismo IV-29[5] e no *Śiva-Sūtra* encontra-se no aforismo III-25.

O último aforismo do *Pratyabhijñā Hṛidayam*, naturalmente, dá o resultado de se ter atingido o *nityodita-samādhi* que é mencionado como *kaivalya* nos *Yoga-Sūtras*. Quando o indivíduo está estabelecido permanentemente no mundo da realidade, um novo estado de consciência, um panorama de atividades e um modo de desenvolvimento da consciência, todos três misteriosos e além do alcance do intelecto humano, abrem-se ante o adepto liberado. Esse aforismo projeta alguma luz sobre essas questões, apesar de ser apresentado sob a forma de sugestões. Mas mesmo essas afirmativas secretas fornecerão, ao estudante amadurecido e intuitivo, algum conhecimento da natureza mais profunda e preencherão muitas brechas na doutrina oculta, sobre a qual dificilmente se poderá obter qualquer informação. É interessante que se compare o último aforismo do *Pratyabhijñā Hṛidayam*, repleto de ideias de profundo significado, com o último aforismo dos *Yoga-Sūtras* que dificilmente dá qualquer ideia nova de valor para o estudante da doutrina oculta. [Para uma plena compreensão desse contexto da doutrina oculta nessas obras é extremamente recomendável que o estudante leia outro livro do Dr. Taimni, também publicado pela Editora Teosófica, intitulado *Autocultura à Luz do Ocultismo*. (N.E.)]

---

[5] *Sūtra IV-29*: "No caso de alguém que é capaz de manter um estado constante de *vairāgya*, mesmo em relação ao mais exaltado estado de iluminação, e exercer o mais elevado tipo de discernimento, segue-se *dharma-megha-samādhi.*"
A Ciência do Yoga, I. K. Taimni. Editora Teosófica, 1996.

O Segredo da Autorrealização

Aforismo 1

(1) *citiḥ svatantrā viśvasiddhi-hetuḥ*

(1) "A Realidade Última, em seu aspecto *cit* ou como consciência universal, sendo absolutamente independente de qualquer influência externa e contida em si mesma, é a causa última da manifestação, conduzindo um sistema manifestado ao seu fim colimado."

Para compreender o significado profundo deste aforismo, é necessário recordar a doutrina oculta de que o universo manifestado é uma aparição periódica de um fenômeno mental que deriva do estado imanifestado da Realidade e volta a ser *laya*, fundindo-se na mesma realidade, depois de concluído o seu curso. Não se trata de "criação" no sentido comum, mas de projeção interior para o exterior seguida de retirada do exterior para o interior. Na verdade não pode haver "interior" ou "exterior" na Realidade que, sendo um estado integrado, é oniabarcante e fora dele nada pode existir. Usamos essas palavras porque tentamos considerar essas coisas vendo-as de baixo, dos planos mais inferiores da manifestação, parecendo o universo manifestado surgir do imanifestado que não podemos visualizar ou compreender no sentido real.

Surge a pergunta: É a Realidade fundamental do universo, da qual o universo manifestado parece surgir, *svatantra*, autodeterminada ou limitada por um rígido determinismo governado pelas leis da natureza? Este não é o lugar para discutir em detalhe esta interessante questão filosófica, mas está claro que, de acordo com este aforismo, a realidade, em sua natureza mais profunda, é autodeterminada e livre de manifestar o universo segundo sua vontade, ainda que a criação, conservação e reabsorção do universo, que estão inclusas na palavra sânscrita *siddhi,* ocorram de acordo com as leis que são inerentes ao universo manifestado e devam, por conseguinte, ser inerentes também à própria realidade. É esse fato a razão da natureza organizada do cosmo, que de outra maneira seria um caos.

Se essa natureza e modo de manifestação são inerentes à natureza divina e a manifestação ocorre de acordo com esta natureza inerente, isso implica certo grau de predeterminação. Mas essa espécie de predeterminação pode coexistir com a autodeterminação, da mesma maneira como as leis naturais rígidas podem coexistir com a liberdade de utilizá-las para obter resultados de nossa própria escolha. Por exemplo, a despeito da existência da lei da gravidade, podemos enviar um foguete ao espaço e quando ele ultrapassa certa distância, verificamos que se torna independente dessa lei.

Da mesma maneira, a consciência existe em diversas camadas, dependendo da densidade da "matéria" através da qual opera. Quanto mais ela desce a níveis cada vez mais densos da manifestação, mais restrita se torna sua liberdade e poder. Mas a consciência pode retroceder às camadas mais profundas e, à medida que retrocede, seu livre- arbítrio cresce e no mais profundo dos níveis ele se torna absoluto. Mesmo nos planos espirituais sua liberdade é muito maior, crescendo firmemente à medida que se aproxima do centro da Realidade.

Portanto, *svatantra* é o mais elevado estado da Realidade e não sua expressão em *prakṛti* ou natureza.

A Mônada, sendo uma expressão da Realidade Última, é livre no âmago de sua natureza, mas, ao se envolver na manifestação, sua liberdade se torna restrita. Quanto mais baixo o nível a que a Mônada desce mais restrita fica. Esse processo de restrição progressiva é invertido gradualmente com a evolução da consciência, ganhando outra vez a liberdade que lhe é inerente quando torna a adquirir o completo conhecimento da Realidade na qual está centralizada. É a reaquisição deste conhecimento através de *pratyabhijñā* ou reconhecimento de sua natureza real que constitui o objetivo da autorrealização e leva à absoluta liberdade subentendida na liberação ou *jī vanmukti.*

Deve-se notar o profundo significado da palavra *siddhi,* que abrange todo o processo da manifestação do princípio ao fim. Segundo a doutrina oculta, o universo manifestado não somente aparece periodicamente, mas tem seu curso de acordo com um plano presente na mente divina e se desenvolve segundo a concepção dessa mente. Somente quando a consciência de um indivíduo está apta a entrar em contato com a mente divina é que ele percebe o seu trabalho e conhece o esplendor das realidades internas ocultas nos planos espirituais por trás do trabalho aparentemente caótico e sem propósito do universo físico. A ciência, vendo somente o invólucro externo e não percebendo a existência dessas realidades internas, naturalmente encara o universo como "um encontro fortuito de átomos" ou uma expressão caótica de energia em formas variadas. Suas teorias sobre a natureza e origem do universo tendem, por conseguinte, ao erro porque são baseadas em dados extremamente limitados e incertos, além de suposições arbitrárias.

É interessante notar que pesquisas recentes, em diferentes campos da ciência, destruíram a ideia da predeterminação em sua forma rígida e pelo menos alguns cientistas reconhecem não somente a possibilidade da existência de mente e consciência, na ação da natureza, mas também possibilidades dessa mente poder influenciar o curso da evolução do universo. Mas como essa questão foi tratada exaustivamente em *Science and Occultism*[6], não é necessário discuti-la aqui.

O uso da palavra *citi* para a realidade, que é base do universo manifestado, requer alguma explicação. Essa palavra foi usada apenas uma vez no último aforismo dos *Yoga-Sūtras*, mas aparece frequentemente no *Pratyabhijñā Hṛidayam.* A palavra é derivada de *cit,* um dos três aspectos da Realidade mencionados, em sânscrito, como *sat-cit-ānanda.* Como foi mostrado em outro contexto, o aspecto *cit* é a raiz do princípio da mente, e a mente é a base da manifestação. Assim, quando desejamos expressar este aspecto da Realidade Última que é a causa e o instrumento da manifestação, usamos a palavra *cit* distinguindo-a do aspecto *sat* que permanece imanifestado no fundo do quadro, sendo a raiz do princípio da vontade divina que se expressa através do poder divino. Quando *Śiva*, cuja natureza essencial é *sat*, a verdade última e total, deseja que o universo se manifeste, o aspecto *cit* entra em atividade, começa o drama todo da manifestação e continua até que o universo seja reabsorvido em sua consciência ao tempo do *pralaya*. Este drama tem sua base na concepção divina, é apoiado pela vontade divina e acontece de acordo com o plano divino. A realidade, que é a causa instrumental dessa cosmogênese, é mencionada neste tratado como *citi.*

[6] *Science and Occultism*, I. K. Tamni, Theosophical Publishing House, Adyar, 1974.

Aforismo 2

(2) *Svecchayā svabhittau viśvam unmīlayati*

(2) "Essa Realidade emergindo como poder divino, por sua própria vontade independente, desenvolve o universo manifestado na tela de sua própria consciência."

Essa é uma forma extremamente hábil de indicar a natureza da manifestação, sua relação com a Realidade não manifestada da qual é oriunda e de enfatizar a liberdade essencial e inerente do espírito em sua expressão quando a manifestação ocorre. A expressão *svecchayā* afirma inequivocamente a autodeterminação do espírito, mencionada no primeiro aforismo; *svabhittau* dá ênfase à natureza do universo como um fenômeno essencialmente mental aparecendo na consciência suprema. A consciência divina não é apenas o pano de fundo no qual os fenômenos mentais são percebidos, não é somente a luz que os ilumina, mas é também a tela sobre a qual esses fenômenos mentais são projetados como o universo manifestado.

Neste particular, é necessário observar cuidadosamente dois pontos. Primeiro, que a projeção do universo na tela da consciência e também sua percepção por indivíduos conscientes decorrem diretamente da doutrina oculta da Realidade Una, tendo sido explicada pelo exemplo familiar da luz que é "iluminador", "iluminado" e "iluminação" ao mesmo tempo. A palavra "tela", indicando esse sutil papel da consciência, foi usada metaforicamente, não sendo uma ideia fundamental fácil de ser apreendida; mas se tentarmos compreender seu significado mais profundo, verificaremos que representa o *modus operandi* da manifestação de maneira muito eficiente. Segundo, o uso da palavra sânscrita *unmīlayati* é, mais uma vez, muito adequado e descreve de maneira poética o processo de desenvolvimento do universo após aparecer em manifestação. O universo já existe, potencialmente, na consciência divina, aparecendo e seguindo o curso que lhe foi designado pelo plano divino, da mesma maneira que uma pintura num rolo vai aparecendo à medida que o rolo é desenrolado. A palavra "desenvolver" ou "desenrolar" sugere claramente que o que aparece nos estágios sucessivos de tempo e espaço já está presente inicial e potencialmente como um todo e é somente uma questão daquilo que está oculto tornar-se aparente ou perceptível.

Qual é a natureza original desse universo em potencial que aparece dessa maneira e, por um processo dinâmico, torna-se manifestado e perceptível através de estágios sucessivos? De acordo com o ocultismo é o resultado da ideação divina, sendo a manifestação nos planos inferiores meramente um jogo de sombras, refletindo e exprimindo de maneira incompleta, imperfeita e sucessiva, aquilo que acontece na mente divina em sua forma total, perfeita e verdadeira. É difícil apreender a natureza do plano e da ideação que ocorrem na mente divina, mas que tal processo existe, nos planos espirituais mais elevados, é doutrina clara do ocultismo, sendo mencionado em muitos contextos tais como o aforismo IV-12 dos *Yoga-Sūtras*[7].

[7] *Sūtra IV*-12: "O passado e o futuro existem em sua própria forma (real). A diferença de *dharmas* (ou propriedades) decorre da diferença dos caminhos". *A Ciência do Yoga*, I. K. Taimni. Editora Teosófica, 1996.

É necessário explicar, com referência ao *krama* ou processo cósmico, que se trata da base da manifestação e de acordo com a qual a manifestação tem lugar. Um fraco e imperfeito vislumbre desse processo é obtido nos fenômenos e nas leis da natureza que operam no plano físico e que têm sido investigados pela ciência usando seus métodos limitados. Mas *krama* em sua natureza real é muito mais complexo e sutil, porque representa a totalidade do processo cósmico, físico e superfísico. Isso não pode ser compreendido pelo intelecto humano e somente é percebido diretamente quando a consciência, em sua gradual recessão em direção ao centro, está abandonando o mundo da manifestação e entrando no mundo da realidade. Esse fato é indicado claramente no aforismo IV-33 dos *Yoga-Sūtras*.[8]

A partir do que foi dito acima, constata-se que a manifestação não acontece por acaso. Ainda que seja semelhante a um teatro de sombras que representa imperfeitamente o processo da ideação cósmica, essa expressão ocorre de maneira precisa, sendo definida exatamente pelo *krama* que é a base da manifestação. O *krama* é expresso parcialmente nas leis matemáticas exatas, descobertas pela ciência, e, em sua totalidade, são citadas e consideradas como a "realidade" subjacente à manifestação. Mas esta realidade das abstrações matemáticas, que a ciência descobriu, representa meramente a realidade do mecanismo da manifestação física e não tem nada a ver com a Realidade do ocultismo que é espiritual em sua natureza e inclui em seu vasto campo tudo o que se refere ao manifestado e ao imanifestado.

---

[8] *Sūtra IV- 33*: "*Kramaḥ* é o processo correspondente aos momentos (em sucessão) que se torna compreensível ao final das transformações (dos *gunas*)". *A Ciência do Yoga*, I. K. Taimni. Editora Teosófica, 1996.

Aforismo 3

(3) *tannānā anurūpa-grāhya-grāhaka-bhedāt*

(3) "O universo aparece com aspecto diferente para cada indivíduo por causa de diferenças nos sujeitos e objetos correspondentes."

O universo existe em sua forma verdadeira e única como é concebido na mente divina pela ideação divina em *mahākāśa.* Ele, porém, aparece diferente e de forma contraída para as Mônadas individuais espalhadas largamente nos planos inferiores em várias condições de tempo e espaço. Por quê? O aforismo acima pretende responder a essa pergunta. A maneira peculiar como a resposta é dada requer certa explicação.

As palavras sânscritas *grāhya e grāhaka* são termos técnicos usados na psicologia do *yoga* para indicar o objeto de percepção e aquele que o percebe e recebe a impressão mental do objeto; a palavra *anurūpa* significa "correspondente" no presente contexto. Assim, em linguagem simples, o aforismo quer dizer que o universo aparece de maneira distinta para os diferentes perceptores devido às condições diversas, internas e externas, nas situações particulares.

É fácil ver como um ambiente exterior aparece de forma diversa a observadores distintos sob condições diferentes de tempo e espaço. Este é o ponto crucial do problema quando consideramos as ilusões criadas pelos órgãos dos sentidos e é esse fato que compeliu a ciência a abandonar sua completa confiança nas observações feitas através desses órgãos e, quando possível, conferir os resultados da observação por outros meios independentes. Não é essa a única fonte de diferenças na percepção do mesmo objeto por diferentes indivíduos. A condição mental e o estágio de desenvolvimento mental do observador também determinam, de modo geral, o que é percebido no mesmo objeto. Não somente os objetos físicos são vistos diferentemente por diferentes indivíduos sob diferentes condições de tempo e espaço, mas também os objetos mentais, etc., são percebidos diferentemente por diferentes pessoas, de acordo com o estágio de desenvolvimento mental, condição e plano da mente no qual é estabelecida a relação sujeito-objeto.

De tal maneira nossa percepção é determinada pela condição da nossa mente e de nossa consciência, que um indivíduo autorrealizado é capaz de ver todo o universo apenas como uma expressão da Realidade Una. Essa mais alta espécie de percepção, livre de *bheda-bhāva*, do pensamento prejudicado pela falta de conhecimento da unidade é essencialmente uma percepção de nossa natureza real, que nos libera da grande ilusão e das limitações e servidão dos mundos inferiores. As ideias referidas acima foram enunciadas, em linguagem um pouco diferente, nos *Yoga-Sūtras,* nos dois *sūtras* seguintes:

> *Sūtra IV*-12: "O passado e o futuro existem em sua própria forma (real). A diferença de *dharmas* (ou propriedades) decorre da diferença de caminhos."

> *Sūtra IV*-15: "O objeto sendo o mesmo, a diferença entre os dois (o objeto e sua cognição) devida aos caminhos separados (das mentes)."

Será fácil entender como nascem essas diferenças de percepção do mundo que nos cerca, quando o encaramos de diferentes pontos de vista. Consideremos a relatividade de todos os pontos dentro de um círculo traçado em torno de um ponto central. Todos os pontos na superfície de tal círculo ocuparão uma posição determinada, não somente em relação aos diferentes pontos colocados em outras posições, mas também em relação ao círculo completo. Ver-se-á assim que as posições de todos os pontos no círculo são relativas e que o movimento de qualquer deles de uma posição para outra altera sua relação com todos os outros pontos no círculo.

Há certa semelhança na posição de todos os pontos colocados em um círculo que está no interior e é concêntrico a outro círculo representando a totalidade. Essa semelhança aparente é devida ao fato de considerarmos todos os pontos colocados na circunferência de um determinado círculo como sendo exatamente iguais. Na manifestação, se tomarmos os vários pontos na superfície do círculo como sendo representantes das diversas Mônadas envolvidas e portadores de uma individualidade única, a semelhança com os pontos incluídos na circunferência de um círculo não será real e a relatividade de cada posição no círculo será inadequada.

Haveria algum ponto no círculo isento da influência da relatividade? Sim, o centro do círculo. A visão a partir do centro do círculo é única e quem quer que desse ângulo olhe em torno vê não apenas todo o círculo simultaneamente pelos diferentes raios, mas também esses raios. O conjunto visto do centro do círculo representa assim, simbolicamente, a visão da Realidade que está na base do universo.

Aforismo 4

(4) *citisamkocātmā cetano 'pi saṃkucita-viśvamayah*

(4) "O *ātmā* ou Mônada individual é meramente uma forma centralizada ou contraída da consciência universal. Embora ela não seja nada mais do que pura consciência, esse fato é obscurecido pelo mundo mental criado pelo indivíduo."

Os três primeiros aforismos do tratado dão ao estudante, em forma muito concisa, uma ideia da natureza do universo no qual está envolvido o candidato à autorrealização. A próxima pergunta, de vital importância para ele, é sobre a natureza essencial de seu próprio *Self*[9]. É necessário que ele tenha um conhecimento claro e preciso desta questão, de modo que lhe seja possível adotar meios eficientes para atingir a autorrealização e, ao conseguir a percepção direta de sua natureza real, livrar-se das ilusões dos mundos inferiores. O aforismo 4 responde em

[9] Optou-se por manter o termo original *Self*, em inglês, que se refere a uma natureza mais sútil do Eu como *ātmā* ou Mônada. (N. E.)

poucas palavras à indagação antes mencionada e o faz clara e eficientemente, indo direto ao âmago do assunto, e mostrando o *Self* individual em sua natureza mais essencial e real.

Há diversos fatos de grande significação abordados neste aforismo, que devem ser observados cuidadosamente pelo candidato à autorrealização. O primeiro a ser notado é que o *Self* ou *ātmā* não é, em essência, senão a Realidade Última que se tornou limitada e envolvida em ilusão, devido à centralização e contração em um ponto da consciência. A Realidade Última em seu aspecto de consciência, mencionado como *citi* no aforismo, é ilimitada, penetra em tudo, abrange a totalidade e opera no vazio. A Mônada individual é a mesma Realidade concentrada num ponto da consciência, o que obscurece e limita os poderes da consciência individual.

Cumpre lembrar que o absoluto tem dois aspectos denominados, vazio e pleno, em *O Homem, Deus e o Universo*.[10] A centralização do vazio no caso da Mônada não apenas obscurece a consciência e limita sua visão, mas também contrai a natureza integral da Realidade que está dispersa, por assim dizer, no vazio ilimitado, a um estado potencial existente no ponto em sua inteireza.

O aspecto pleno do absoluto, que encontra expressão num ponto, aparece em sua forma mais ativa e mais elevada no Logos cósmico, mas existe na Mônada, ainda não desenvolvida, em forma de infinitas possibilidades que estão encerradas no centro de sua consciência. Essas aparecem, lenta e gradualmente, durante sua evolução através dos reinos da natureza e encontram a mais completa expressão em forma ativa, quando a Mônada se torna um Logos solar.

É necessário refletir um pouco sobre esse aspecto interessante, profundo e fascinante da relação existente entre a Mônada e a Realidade Última, denominada absoluto. Pois é pela compreensão clara dessa relação, que seremos capazes de ver o significado mais profundo da doutrina oculta, referente à natureza divina da Mônada, a limita-

---

[10] *O Homem, Deus e o Universo*, I. K. Taimni, Editora Pensamento, São Paulo, 1995.

ção de sua consciência e poder na individualização, a evolução incessante, infinita e contínua e a expressão de sua consciência e poderes, desde o momento em que se individualizou. A incessante, irresistível e infinita expansão de sua consciência e poderes devem-se à centralização e simultânea contração da Realidade integral, no ponto em que sua consciência encontra expressão. Ainda que a limitação ocasionada pela centralização da Realidade num ponto da consciência e consequente envolvimento num sistema manifestado seja enorme, a potencialidade da Realidade integral, que está oculta no interior desse centro, é infinitamente maior e capaz de se sobrepor a todas as limitações, no decorrer do tempo, através do processo de evolução e desenvolvimento da consciência. O processo de involução é assim a contração do todo, que é infinito, em um ponto que é infinitesimal e o processo reverso é a expansão da consciência até recobrar sua natureza originalmente pura, clara e infinita.

A expressão *cetano 'pi* enfatiza o fato de que a realidade centralizada ou *ātmā* individual é essencialmente da natureza da consciência pura em que o poder é inerente e está presente em forma potencial. Há somente dois princípios fundamentais ou *tattvas* que formam a base do universo manifestado. Um é *caitanya* ou consciente, a base do aspecto subjetivo, o outro é *jaḍa* ou inanimado, derivado do poder, a base do aspecto objetivo. Esses dois princípios são interligados por toda a manifestação e por suas ações e reações produzem a infinita variedade de fenômenos no universo. O processo de autorrealização significa o ressurgimento do princípio do poder, que estava em forma potencial no princípio da consciência, e a percepção de ambos como a Realidade Una.

Quando o Espírito universal se expressa através de um ponto e assume a forma de um espírito individual ou *ātmā*, a consciência integrada passando pelo ponto torna-se diferenciada em vários estados de mente, funcionando em diversos planos através de seus respectivos veículos. O funcionamento da mente em cada plano, através de seus respectivos veículos, produz um mundo mental dependente da natureza do plano, sendo esse o mundo que enche o campo da consciência e impede a percepção da Realidade nesse plano. São esses mundos mentais, produzidos e presentes na consciência pura de *ātmā,* que obscurecem sua natureza real e impedem o conhecimento de sua natureza divina no domínio dos mundos manifestados. Essas diferentes espécies de *pratyayas* nos diferentes planos constituem os véus que ocultam a luz de *ātmā* nos planos inferiores e conservam o indivíduo envolvido nas limitações e ilusões dos mundos inferiores. Posto que o conhecimento comum nos planos inferiores é ligado e baseado na natureza ilusória e limitada dos mundos mentais, ele é o instrumento real da servidão da Mônada nos mundos inferiores, como expresso no aforismo 1-2 do *Śiva-Sūtra: (jñānabandhaḥ*).

Essa natureza real da servidão mostrará também como pode ser atingida a liberação das ilusões e limitações em que a Mônada está envolvida no mundo da manifestação. As ilusões e limitações são devidas à falta de capacidade para ver os mundos mentais como parte e expressão da Realidade Una. Quando essa capacidade é adquirida, devido ao desenvolvimento de *viveka* ou discernimento espiritual e os mundos mentais são também vistos como parte da Realidade Una, elas cessam de obscurecer a consciência e impedir o conhecimento de nossa natureza real. Portanto, é a abolição da distinção entre o real e o irreal que leva à liberação.

É verdade que a técnica do *yoga* de *citta-vritti-nirodha* significa transcender os *pratyayas* dos diferentes planos, um depois do outro, até que a consciência se torne centrada no plano *ātmico.* Nesse estado todos os mundos no reino da manifestação se tornam integrados em um só e isso leva ao atingimento da onisciência e onipotência dentro dos limites do sistema manifestado. Mas, mesmo nesse estado, o mais alto, o *ātmā* individual funciona através de um centro de consciência distinto, e embora esteja no limiar do mundo da Realidade, ainda não está incluído no mundo dessa Realidade. Assim, a separação entre o real e o irreal permanece, ainda que em forma muito tênue. É somente quando o *ātmā* se firma no mundo da Realidade Una, em permanente união com *paramātmā*, que esta distinção entre o real e o irreal desaparece completamente, o mundo manifestado passa a ser uma parte integrada do mundo real e a liberação é atingida. O indivíduo liberado, quando está atuando no mundo manifestado, vê ao seu redor o mesmo mundo que o homem comum, mas o vê como uma expressão da Realidade Una, e é isso que o liberta das ilusões dos mundos inferiores.

Aforismo 5

(5) *citir eva cetanapadād avarūḍhā cetya-saṃkocinī cittam*

(5) "Nada mais é que a Realidade Última que, ao descer do estágio de pura consciência, torna-se a mente individual, contraindo-se e identificando-se com imagens dos objetos presentes no campo da consciência."

No aforismo anterior, foram dadas noções sobre a natureza do *ātmā*, o *Self* individual e sua relação com *paramātmā*, o *Self* Universal. Foi mostrado que são os fenômenos mentais que aparecem no campo da consciência que impedem ao *Self* individual de conhecer sua natureza real e limitam seus poderes. O aforismo acima projeta luz sobre a natureza do mecanismo mental de múltiplos níveis que, ao surgir, tumultua o campo da consciência, impede a autopercepção e, assim, leva o *Self* individual à escravidão. Esse mecanismo mental ou mundo, como um todo, que aparece no campo da consciência, é chamado *cittam* ou "mente" no aforismo.

Qual é a natureza da mente de acordo com esse aforismo? A primeira frase *citir eva* indica que a mente não é nada mais que uma forma derivada ou degradada da própria Realidade. Ela nasce quando a consciência pura ou *citi* desce ao estado inferior, pelo aparecimento do aspecto *cit* do triplo *Self*, que produz um mundo manifestado em escala macrocósmica ou microcósmica. Qual é a natureza dessa descida? Em termos do pensamento moderno, podemos descrevê-la melhor como diferenciação de um estado integrado da pura consciência, em estados múltiplos da mente, tal como existe nos diferentes planos de manifestação. O processo é análogo à dispersão da luz branca em um espectro multicolorido de luzes por um prisma.

O papel do prisma no fenômeno luminoso corresponde ao papel do ponto na diferenciação da consciência em diferentes estados da mente. A consciência pura, passando pelo ponto através do qual o mundo manifestado é projetado, torna-se centralizada e diferenciada, e um mundo mental, correspondendo ao plano da manifestação e, dependendo do indivíduo, aparece no campo da consciência. Esse mundo mental, derivado dessa consciência, é composto de produtos degradados e diferenciados dessa consciência, obscurece-a e prende o indivíduo consciente ao mundo mental que foi produzido no campo da consciência. É esse mundo mental, existente nos diferentes planos em sua totalidade, que mantém a Mônada ou *ātmā* presa dentro dele até que ocorra a autorrealização e a mente seja percebida como uma parte integrada da consciência, ainda que diferenciada.

É interessante observar como a mesma ideia é expressa de maneira um pouco diferente nos *Yoga-Sūtras*, nos aforismos 1-3 e 1-4[11]. A expressão *vṛittisārūpyan* no aforismo 1-4 dos *Yoga-Sūtras* corresponde à expressão *cetyasaṃkocinī* no aforismo que estamos analisando. Quer digamos que a consciência universal se contrai na forma dos objetos de percepção presentes no mundo mental ou quer digamos que a consciência pura é assimilada aos objetos presentes na mente,

[11] *Sūtra I-3* "Então, o vidente está estabelecido em sua própria natureza essencial e fundamental".
Sūtra I-4 "Nos outros estados existe assimilação (do vidente) com as modificações (da mente)." *A Ciência do Yoga*, I. K. Taimni. Editora Teosófica, 1996.

estamos nos referindo, essencialmente, à transformação parcial do estado integrado da consciência nos diferentes estados da mente.

O ponto importante e significativo, a ser destacado nesse aforismo, é que a mente não é um princípio inteiramente diferente e independente, mas um produto degradado e diferenciado da consciência, inseparável da mesma. É por essa razão que quando é adotada a técnica do *yoga* do *citta-vṛitti-nirodha* ou quando é seguido o método mencionado no aforismo 13 do presente tratado, a mente pode reverter ao estado original de pura consciência, do qual deriva. É também por essa razão que o universo pode aparecer e existir, como um fenômeno puramente mental na consciência divina, e se fundir nessa consciência ao tempo do *pralaya.*

Aforismo 6

(6) *tanmayo māyā - pramātā*

(6) "O eu inferior, tendo somente conhecimento ilusório, nada é senão esse *citta* ou, em outras palavras, é essa mente em sua natureza essencial."

O *Self* espiritual no homem, denominado *ātmā* no aforismo 4, é um centro de consciência na Realidade Última. Embora ele seja eterno e essencialmente da mesma natureza que *paramātmā*, o *Self* Universal, sua consciência torna-se obscurecida quando ele é envolvido na manifestação. Este obscurecimento é apenas parcial nos planos espirituais e, quando as potencialidades ocultas no centro de consciência forem adequadamente desdobradas, é possível para o *Self* espiritual livrar-se do mecanismo mental sutil que o aprisiona e recuperar o completo conhecimento do seu *Self* real. Esse estado é chamado liberação ou *jī vanmukti.*

O desdobramento das infinitas potencialidades, que são inerentes ao centro de consciência de todos os seres humanos, é trazido à luz pelos processos gêmeos de reencarnação e *karma*, como já é do conhecimento dos estudantes de ocultismo. A expressão parcial do *Self* espiritual, em cada encarnação, leva à formação, nos três planos mais inferiores, de uma entidade semi-independente, porém temporária, geralmente denominada eu inferior.

Vê-se, do que foi dito acima, que o homem pode ser considerado triplo em sua natureza, que consiste nos elementos real, espiritual e temporal, denominados *ātmā, jīvātmā e jīva*, em sânscrito, e Mônada, individualidade e personalidade, na literatura ocidental. No tratado que estamos discutindo, o homem é considerado dual em sua natureza, consistindo em *ātmā* ou pura consciência no mundo da Realidade, não afetado pelas ilusões dos mundos manifestados e o mesmo *ātmā* no mundo da manifestação é envolvido em suas ilusões e manifestações de diferentes graus de sutileza. Nessa concepção, os mundos espirituais e temporais são considerados como as partes superiores e inferiores do mecanismo psíquico em que *ātmā* está envolvido. A mente e as ilusões que ela cria são consideradas como diferindo apenas em grau de sutileza nos planos espirituais e temporais e *ātmā* atinge a liberação apenas quando a mente é completamente transcendida e o pleno percebimento da Realidade é alcançado.

Considerando-se a dualidade da natureza humana e concebendo-se a linha de demarcação, que separa os dois aspectos dessa natureza, entre o mundo da Realidade, que é seu verdadeiro lar, e o mundo da manifestação, em que está exilado, a concepção do *Pratyabhijñā-Hṛidayam* está de perfeito acordo com a dos *Yoga-Sūtras*, embora a ideia seja apresentada de modo diferente nos dois tratados. De acordo com o primeiro, a mente sobrecarregada com imagens mentais, no estado de servidão, reverte ao estado original de pura consciência quando a autorrealização acontece. De acordo com os *Yoga-Sūtras*, o *puruṣa* recupera o conhecimento de sua natureza real quando cessa de se identificar com *prakṛti* e volta a se fixar no mundo da Realidade.

Na terminologia da filosofia em que *o Pratyabhijñā-Hṛidayam* é baseado, o *ātmā*, envolvido no reino da manifestação e ainda sujeito às ilusões inerentes a este reino, é chamado *māya-pramātā*, que significa "o conhecedor cujo saber está viciado pela grande ilusão de *māyā*." Quando o mesmo *ātmā*, ou Mônada, se torna permanentemente estabelecido no mundo da Realidade, ao atingir a autorrealização e conquistar a liberação, passa a ser chamado de *Śiva-pramātā*. Essa expressão significa "o conhecedor cuja consciência transcendeu o reino da manifestação e, unido à consciência universal de *Śiva*, expandiu-se e abarcou o infinito conhecimento presente nesta consciência."

É difícil compreender a natureza do Eu Superior[12], porque ele está acima do reino da mente inferior à qual nós, em grande parte, estamos confinados, mas podemos entender, até certo ponto, a natureza do eu inferior encerrado nos corpos dos três planos inferiores e vivendo no mundo mental criado pelos seus próprios pensamentos, emoções e desejos. Posto que o eu inferior é um reflexo e expressão parcial do Eu Superior, este conhecimento concernente à sua natureza pode também nos proporcionar um vislumbre da natureza do Eu Superior e ajudar-nos a compreender o que a expressão *māyā-pramātā*, no aforismo em questão, realmente significa.

Qual é a natureza deste eu inferior? Uma análise cuidadosa da vida de um ser humano comum nos habilitará a compreender a verdade indicada no aforismo em discussão – que um homem comum, que não tem o menor conhecimento da própria natureza real, estando inteiramente imerso na vida ilusória dos mundos inferiores, é uma mera criatura da mente inferior e das emoções e desejos, que com ela estão associadas, sendo realmente parte desta mente inferior. Embora o homem tenha raízes no espírito e seja uma expressão muito limitada deste espírito, dificilmente haverá uma oportunidade de comunicação entre o Eu Superior e o eu inferior. É verdade que todas as forças e energias que mantêm a vida do eu inferior são derivadas da Realidade Una que

---

[12] Neste caso, o autor se refere ao *jīvātmā* ou individualidade imortal do ser-humano, constituído de *ātmā-buddhi-manas*, ou Eu Superior, denominado também de alma imortal reencarnante. (N. E.)

está na base do universo, mas como não há percepção deste fato, a vida do eu inferior, para todas as finalidades práticas, pode ser considerada como um fenômeno puramente mental. A expressão da natureza espiritual do homem significa, pelo menos, conhecimento parcial de seu destino e potencialidade divinos e um mínimo de esforço para regular a conduta de acordo com as leis e os ideais da vida espiritual. Se esses estão inteiramente ausentes, o indivíduo pode, para todos os propósitos práticos, ser considerado uma criatura mental sujeita às ilusões que a mente cria.

Como indicado acima, na concepção do homem exposta no *Pratyabhijñā Hṛidayam*, o Eu Superior também opera no reino da mente, ainda que de uma mente de natureza muito mais sutil e com uma percepção parcial da natureza do homem e do universo. As ilusões às quais o Eu Superior está sujeito são, portanto, de uma natureza mais sutil e não podem ser compreendidas pela personalidade. Mas existem e têm de ser completamente subjugadas antes que a liberação possa ser atingida e o *māya-pramātā* possa se tornar *Śiva-pramātā.*

Somente quando o aforismo 6 for estudado junto com o aforismo anterior, e o significado de *citta* ou mente, nele definido, for captado no seu sentido mais amplo, poderá o estudante entendê-lo completamente.

Aforismo 7

(7) *sa caiko dvirūpas trimayaś caturātmā sapta-pañcakas-vabhāvah*

(7) "A Mônada é um centro único na consciência universal, mas como realidade subjetiva aparece como aspectos duplo, triplo ou quádruplo do *ātmā* ou como sete pêntadas na expressão de sua natureza inerente na manifestação."

A Realidade Última é um estado integrado, um todo indivisível, mas, quando opera na manifestação, temos que levar em consideração seus diversos aspectos que entram em cena, como e quando requeridos nas diferentes esferas da manifestação. Essa diferenciação, já abordada em *O Homem, Deus e o Universo*, está primeiro nos polos opostos, princípios de consciência e poder, depois na triplicidade do princípio da mente e finalmente na natureza quádrupla de uma expressão individual da Realidade, separada e distinguível de todas as outras expressões individuais e tendo uma unicidade individual própria. Essas distinções são relativas ao aspecto subjetivo da Realidade e podem ser consideradas como pura expressão do espírito.

Quando um universo ou sistema menor é manifestado por um Logos e o aspecto objetivo da Realidade vem também à cena, temos uma infinita variedade de fenômenos que são produzidos pela diferenciação da Realidade em seu aspecto objetivo. Estas facetas distintas são realmente aspectos do poder, denominados *Śakti*, enquanto que os aspectos diferenciados, mencionados anteriormente, são aspectos da consciência denominados *Śiva*. São propriedades essenciais que desempenham seu papel no campo dos fenômenos objetivos, assim como os vários aspectos, anteriormente discutidos, funcionam no campo dos fenômenos subjetivos.

Essas propriedades essenciais, inerentes à natureza divina, aparecem na medida da necessidade quando a manifestação ocorre, tendo sido classificadas no presente aforismo como as sete pêntadas. Como todos os estudantes do ocultismo bem sabem, os números 5 e 7 representam um papel proeminente nos fenômenos objetivos da natureza e nas leis que governam esses fenômenos. Não é necessário discutir-se aqui os vários sistemas de classificação encontrados nos diferentes sistemas de filosofia. Esses podem ser satisfatórios ou não, do ponto de vista do conhecimento científico moderno, mas aqueles que estudam esses sistemas cuidadosamente ficam impressionados com o papel que representam os números 5 e 7 nos fenômenos naturais. Esses sistemas não devem, portanto, ser tomados como uma exata representação das leis que governam os fenômenos naturais, mas meramente como tentativas de ordenar o espantoso número de fenômenos que encontramos na natureza. O universo é tão vasto, tão complexo e tão distante de nossa compreensão, que não é realmente possível enquadrar essas realidades da existência num sistema rígido.

Há, porém, alguns pontos interessantes e importantes que o estudante pode observar para esclarecer suas ideias sobre o assunto. O primeiro, que chamará sua atenção, é como esses diversos sistemas de filosofia expõem a mesma verdade, de modos aparentemente tão diferentes, que aqueles que não estudam isso, cuidadosamente e em conjunto, estão sujeitos a deixar escapar por completo o significado do que foi enunciado. O aforismo em discussão ilustra esse ponto muito bem. O estudante, que o analisar superficialmente, nada verá nele exceto uma proposição de doutrinas filosóficas bem conhecidas do estudante de ocultismo. Mas, se o estudante se aprofundar, verá logo que o aforismo está enunciando uma doutrina fundamental da filosofia *sāmkhya*, de maneira diferente, e apresentando uma concepção bem mais rica da natureza de *puruṣa* e *prakṛti*, baseada no ponto de vista oculto. De fato, a palavra sânscrita *svabhāvah* tem praticamente o mesmo significado que *prakṛti,* quando as associações com a doutrina *sāṃkhya* são eliminadas dessa última palavra. Ambas apontam para a natureza inerente à que é a base do universo. Essa natureza divina existe eternamente, em forma potencial, no imanifestado, e aparece como uma variedade infinita de propriedades e leis da natureza, quando tem lugar a manifestação.

Sāṃkhya muito falou a respeito de *prakṛti*, mas o fez de tal modo que se torna difícil para o estudante comum, especialmente o do ocidente, compreender o significado fundamental do que está enunciado nos vários aforismos relacionados a *prakṛti*. Se o conceito de *prakṛti* for estudado à luz do que está dito acima, como a natureza da divindade inerente à consciência divina, que aparece e atua somente quando a vontade divina o requer, o estudante terá então de *prakṛti* uma concepção mais clara, mais de acordo com o pensamento moderno e mais facilmente compreensível à sua luz.

É interessante notar que a palavra sânscrita *svabḥāvaḥ* tem o mesmo significado que *prakṛti*, acima citada. Ela quer dizer "constituição ou natureza essencial" que é inerente à Realidade Última. A palavra é derivada do sânscrito *bhāvana* que significa "manifestando". *Svabḥāvaḥ*, portanto, significa a maneira pela qual a natureza dessa Realidade se manifesta. As propriedades se manifestam somente quando essa natureza essencial, que é inerente à consciência divina em sua totalidade, manifesta-se em uma forma diferenciada para atender a algum propósito divino específico.

A palavra sânscrita *ātmā* é usada num sentido muito amplo e um tanto vago. É empregada não somente para a Realidade Última, que tudo penetra, tudo abrange e é um todo indivisível, mas também para a expressão dessa Realidade, através de um ponto, que leva à manifestação de uma Mônada, com sua expansão infinita de consciência e poder. A classificação dada no aforismo, tanto para o aspecto objetivo quanto para o subjetivo, deve, portanto, ser considerada aplicável a ambas as expressões macrocósmica e microcósmica da Realidade, no reino da manifestação. De fato, aquilo que encontra expressão no manifesto, tem suas raízes e está presente em forma misteriosa no imanifesto. A classificação pode assim ser também a ele aplicada.

É necessário também dizer-se aqui algo em relação à natureza quádrupla do Logos ou *Īśvara* que é representado pelas quatro faces de *Brahmā* na simbologia hindu, denominado *caturātmā* no aforismo. *Brahmā* é o criador e representa o Logos observado do exterior. Na verdade, o Logos é quádruplo em sua natureza, como um tetraedro, os três aspectos manifestados sendo representados por *Brahmā, Viṣṇu* e *Rudra* e o imanifestado por *Maheśa*.

Aforismo 8

8) *tadbhūmikāḥ sarvadarsana - sthitayaḥ*

(8) "Os vários sistemas de filosofia meramente expõem e interpretam os diferentes aspectos desta Realidade, sob diferentes pontos de vista."

Esse aforismo é muito importante para o estudante de filosofia, porque indica o real propósito da filosofia e o torna capaz de distinguir os sistemas que servem a este propósito de outros que são de natureza especulativa e que não têm importância para a vida humana, sua natureza e finalidade, nem para os problemas vitais que afetam todos os seres humanos.

A fim de compreender o significado real desse aforismo, o estudante não deve esquecer que nem todos os sistemas de filosofia servem ao propósito real da filosofia e, ainda que externamente impressionantes, não cuidam verdadeiramente dos problemas com que deveriam se ocupar. Esses sistemas são meras especulações sobre as verdades relativas à natureza do homem, de Deus e do universo e suas relações mútuas. Alguns deles nem mesmo reconhecem a existência de Deus, a natureza essencialmente divina do homem e a base espiritual do universo, sendo meramente especulações inteligentes quanto à natureza do homem e do universo, baseadas em dados científicos, extremamente pobres, e em raciocínios lógicos engenhosos, a partir de afirmativas convenientes para atender à teoria proposta.

É fácil compreender a direção que o pensamento filosófico ortodoxo tomou no ocidente e o inútil exercício do intelecto a que ficou reduzida a pesquisa filosófica, especialmente nos tempos recentes. Era desconhecida no ocidente a ideia de que há métodos seguros de se conhecer a verdade acerca dos problemas mais profundos da religião e da filosofia, baseados nas experiências diretas obtidas através das técnicas do *yoga*. Data de tempos comparativamente recentes o aparecimento do interesse nessas coisas e o reconhecimento e a aceitação pelos pensadores menos ortodoxos, no campo da filosofia, da possibilidade de se conhecer tais verdades. Na ausência desse conhecimento, era natural que um número muito limitado de fatos observados e o raciocínio lógico constituíssem o único meio possível para se proceder a uma pesquisa, nos reinos mais profundos do pensamento e do ser. Dispondo-se para essa pesquisa somente de instrumentos tão pouco dignos de confiança, não é surpresa que o pensamento filosófico tenha tomado tal forma e produzido sistemas de filosofia que podem ser considerados meras especulações sobre os problemas da vida humana e da natureza do universo. Muitos desses sistemas nem mesmo tentam encarar as questões que são de vital interesse para os seres humanos e, quando o fazem, deixam o estudante em estado de confusão sobre o que seja realmente a verdade a respeito do assunto. Não admira que a filosofia seja considerada, no ocidente, como simples passatempo intelectual, no qual somente filósofos profissionais possam estar interessados.

No Oriente, a filosofia nunca esteve divorciada da religião e o interesse por ambas tem se baseado na ideia de que é possível conhecer, com segurança, a verdade real sobre os problemas mais profundos da vida, por experiências diretas conquistadas pelos métodos do *yoga*. Não apenas isso, mas tem havido sempre, em diferentes países, numerosos ocultistas, místicos e santos que, através da austeridade e autodisciplina espiritual, compreenderam essas verdades sobre a vida espiritual e ajudaram a outros discípulos qualificados a também o fazerem. Assim foi construída, gradualmente, uma forte tradição de cultura e vida espirituais que penetraram no pensamento filosófico e religioso e influenciaram grandemente seu posterior crescimento.

Eis a razão pela qual a filosofia hindu tem se mantido livre do pensamento especulativo e, em grande parte, tem permanecido fiel às ideias e finalidades reais da filosofia, para pesquisar e disseminar o conhecimento sobre a verdadeira natureza do homem, de Deus e do universo e os meios de obter este conhecimento por métodos práticos garantidos. Nem todo pensamento, que tem se desenvolvido no decorrer dos séculos, tem sido guiado por esse escopo central ou tem sido de ordem elevada, mas pode-se discernir uma finalidade fundamental por trás dele, finalidade essa relacionada aos problemas mais profundos da vida e que são de interesse primordial para todos os seres humanos.

O aforismo 7 do *Pratyabhijñā Hṛidayam* faz alusão à Realidade Última que é basicamente una, total e integral, mas aparece diferenciada em seus vários aspectos, quando vista do plano do intelecto. São esses aspectos ou papéis, que essa Realidade representa na manifestação, que são chamados *bhūmikāḥ* no aforismo 8.

Como só há uma Realidade, sendo a sua compreensão, depois que todas as potencialidades ocultas na Mônada tenham se desenvolvido, o principal propósito da vida humana, todos os verdadeiros sistemas de filosofia deveriam ser apresentações dos diferentes aspectos dessa Realidade sob diversos pontos de vista. Não é possível perceber a Realidade como um conjunto em sua forma real no mundo da relatividade, mas somente seus diferentes aspectos e expressões parciais como aparecem ao intelecto preso à ilusão. É esse fato importante que o aforismo 8 objetiva levar ao estudante, cujo interesse em filosofia não seja meramente acadêmico, mas intimamente relacionado ao problema da autorrealização. Se isso for claramente compreendido, acabarão as controvérsias e atitudes partidárias que, às vezes, encontramos entre os estudantes de filosofia, cada um tentando defender seu sistema favorito, em detrimento dos outros.

Os sistemas de filosofia hindus muito conhecidos e as religiões a eles associadas parecem diferir enormemente, quando suas doutrinas são estudadas superficialmente. Mas se os encaramos, conforme recomenda o aforismo 8, como expondo diferentes aspectos da Realidade Una, em teoria, e seguindo os diferentes caminhos para a mesma Realidade, na prática, ficaremos então aptos, não somente a vê-los na perspectiva correta, como também a lembrar que é a Realidade Una o objeto de nossa procura e não qualquer expressão ou aspecto particular dela. Neste ponto de vista amplo da filosofia, mesmo a filosofia do materialismo científico parece ter seu lugar legítimo, pois expõe, a seu próprio modo, o aspecto da Realidade que encontra expressão no plano físico, que é também derivado e é a mais baixa expressão da Realidade Una, fora da qual nada pode existir.

Nossa discordância com aqueles que adotam a filosofia do materialismo científico não é pelo fato de eles tentarem investigar e expor a natureza do mundo físico, mas é devida à assertiva enfática de que é somente o mundo físico que existe e somente o mundo físico que importa. Assim procedendo, eles estão reduzindo o homem ao nível de um animal e fazendo o homem pensar que não há nada além do mundo físico, impedindo-lhe de desenvolver as potencialidades espirituais e divinas, que nele estão ocultas. Isso é um crime contra a humanidade e todos os indivíduos, com uma ampla visão espiritual, devem combater este mal.

Aforismo 9

(9) *cidvai tacchakti - saṃkocāt malāvṛitaḥ saṃsārī*

(9) "É a Realidade Última que se torna a alma individual, envolta em ilusões mundanas, pela limitação do poder divino e simultâneo obscurecimento da divina consciência, que advém a esta última quando funciona através de um centro individualizado dentro da Realidade."

Esse e os três aforismos seguintes projetam luz sobre a natureza e comportamento de um indivíduo comum, que vive sua vida nas limitações e ilusões dos mundos inferiores. No aforismo 5, foi mostrado que é a consciência universal que, por sua centralização e consequente limitação, torna-se *citta* ou mente do indivíduo comum e fornece a base do mundo mental que cria em torno desse centro. Mas consciência e poder são relatividades polares e devem funcionar juntos na manifestação. Assim, quando a consciência universal é centralizada e limitada, e forma a mente individual, o poder universal deve, também, simultaneamente, ser centralizado e limitado, quando opera na vida do indivíduo. É esse fato da limitação concomitante do poder e da consciência, que resulta no envolvimento da Mônada eterna nas ilusões e limitações dos mundos inferiores, como está declarado no aforismo 9. Embora não estejamos aptos a entender por que a Mônada se envolve nos mundos inferiores até que tenhamos atingido a autorrealização, é possível termos alguma ideia do mecanismo desse processo.

O estudante deve notar que, para um indivíduo que perdeu sua liberdade e deseja reavê-la, não é necessário saber por que a perdeu. É, entretanto, muito importante, que o indivíduo saiba como isso ocorreu. A primeira questão é puramente acadêmica, enquanto a última está intimamente relacionada ao problema de encontrar um meio de se libertar. Eis o motivo pelo qual todos os instrutores espirituais, que vieram ao mundo para a elevação da humanidade, não tentam responder por que é necessário que os seres humanos desçam de seu verdadeiro lar aos mundos inferiores de ilusões e limitações, atravessando muitas vidas de alegrias e tristezas, antes que possam reaver a consciência de sua natureza real e assim se libertarem dessa servidão. Esses instrutores tentam apenas trazer ao conhecimento dos seres humanos o fato de que eles estão envolvidos nas ilusões e atravessando misérias de várias espécies, como consequência desse envolvimento. Eles asseguram também aos seres humanos que, aqueles que têm suficiente discernimento para compreender o fato e desejam libertar-se, podem se liberar da servidão pela adoção de métodos bem conhecidos, que foram tentados com sucesso por todos os pesquisadores sérios da verdade.

O fato de que a alma individual ou a Mônada nasce a partir da centralização e contração do poder e da consciência universais, é de grande significância, porque dá uma pista indicativa do método de liberação do indivíduo das ilusões e consequentes limitações inerentes à vida vivida nos mundos inferiores em um estado de não-iluminação. O que é feito, pela centralização e contração do poder e da consciência universais, pode ser desfeito somente pela descentralização e expansão da consciência limitada do indivíduo. Esse é o princípio básico fundamental de todos os sistemas de *yoga*, nos quais o processo essencial é uma expansão da consciência, provocada pela atenuação sistemática e gradual da consciência do "eu"[13] e pela sua dissolução final. Quando o ego está completamente aniquilado, mesmo em sua forma mais sutil no plano *átmico*, a consciência individual é descentralizada, por assim dizer, e se expande tornando-se una com a consciência universal. E quando a consciência é libertada das limitações da centralização, as limitações dos poderes do *yogue* são também removidas simultaneamente. Esse é o verdadeiro significado da autorrealização. A palavra correspondente, usada na terminologia do *yoga* para centralização da consciência é *asmitā* ou "egoidade"[14], que leva à identificação da consciência com seus veículos e ambiente e seu consequente envolvimento no mundo, através da ação dos *kleśhas* como é mencionado nos aforismos II-6-9[15] dos *Yoga-Sūtras*.

O obscurecimento da consciência e a limitação do poder, no caso da Mônada, são realizados pela centralização dos infinitos e ilimitados poder e consciência universais. Mas o que causa esta centralização? De acordo com a terminologia do *yoga*, o agente constritor, que efetua essa centralização e envolvimento no mundo da manifestação, é chamado *avidyā* ou ignorância primordial definida nos aforismos II-4 e 5[16] dos *Yoga-Sūtras*. Na escola de filosofia na qual se baseia o *Pratyabhijñā Hṛidayam*, é *māyā* ou a ilusão primária que fundamenta o mundo da manifestação. O significado dessas duas palavras, no pensamento filosófico hindu, é idêntico, mas

[13] No original em inglês: 'I' *consciousness* (N.E.)

[14] *"I" - ness* (no original).

[15] *Sūtra II-6* : *"Asmitā* é a identificação ou mistura, por assim dizer, do poder de consciência (*puruṣa*) com o poder da cognição *(buddhi)*".
Sūtra II-9 : *"Abhiniveśa* é o forte desejo de viver que domina até mesmo os eruditos (ou sábios)".

[16] *Sūtra II-4*: *"Avidyā* é a origem daqueles que são mencionados em seguida, estejam esses no estado latente, atenuado, alternante ou expandido."
Sūtra II-5: *"Avidyā* é tomar o não-eterno, impuro, mal, e não-*ātman*, como sendo o eterno, puro, bem e *ātman*, respectivamente." *A Ciência do Yoga*, I. K. Taimni. Editora Teosófica, 1996.

como está intimamente ligado à questão da causa e origem do universo manifestado, não é possível discuti-lo aqui.

Como resultado da centralização da consciência e o surgimento de um indivíduo separado, com um mundo mental limitado no qual está confinado e funciona, aparece uma nova força chamada *karma,* afetando sua vida em todas as esferas e regulando o desenvolvimento de suas potencialidades. Essa força, que é cumulativa, torna-se um fator permanente na vida do indivíduo, amarrando-o aos mundos inferiores nos quais está envolvido. Ela deve ser completamente dissipada, pela técnica de *yoga* muito conhecida, *niṣkāma karma*, antes que possa ser atingida a liberação das ilusões dos mundos inferiores.

Por conseguinte, há três fatores definidos na vida da Mônada individual – ilusão, centralização e *karma* – que a conservam envolvida nos mundos inferiores da ilusão e o candidato à autorrealização tem que considerar todos eles, ao planejar os meios de liberação. Estes três fatores chamados *māyā, ānu* e *karma*, na terminologia dessa escola de filosofia, são denominados *malas*. A palavra sânscrita *mala*, geralmente significa impureza física ou mental, mas aqui designa um agente de obscurecimento da consciência divina que evita a livre circulação do poder divino no indivíduo. São esses três agentes obscurecedores que conservam a Mônada prisioneira das ilusões dos mundos inferiores e amarrada à roda de nascimentos e mortes. E somente quando a Mônada for capaz de se libertar desses três agentes, é que poderá atingir a liberação.

Considerando as limitações impostas à consciência e ao poder quando passam por um centro, é necessário lembrar que não é realmente a centralização da Realidade que impõe limitações, mas a falta de desenvolvimento e receptividade do mecanismo que se desenvolve em torno do centro. É o círculo em torno de um centro que realmente o limita e não o próprio centro. O centro de uma esfera com raio infinito difere do estado vazio ilimitado, qualitativa e não quantitativamente. Os *logoi* dos sistemas manifestados também têm que trabalhar através de um centro de consciência na Realidade Última, mas eles são oniscientes e onipotentes dentro dos limites de seus sistemas. Mesmo o absoluto tem dois aspectos, o estado vazio ilimitado e o estado pleno central concentrado no eterno *mahābindu* ou o grande ponto.

Aforismo 10

(10) *tathāpi tadvat pañcakṛtyāni karoti*

(10) "Mesmo sob essas limitações, a alma microcósmica em escravidão executa as cinco funções divinas tal como a superalma macrocósmica."

Vimos no último aforismo que a centralização da Realidade Última na Mônada individual limita, tremendamente, os poderes da consciência em sua expressão através do centro da consciência. Essa expressão, sem dúvida, depende do desenvolvimento da consciência e da evolução do mecanismo psicofísico que é, gradualmente, edificado em torno do centro da consciência, porém mesmo em seu ponto mais alto, é um nada comparado com a consciência universal em que o centro está inserido e do qual deriva seus poderes. Veremos a amplitude do abismo entre os dois quando lembrarmos que os *yogues* têm de renunciar até a onisciência e onipotência do plano *átmico*, para que sua consciência possa passar pelo centro e, tornando-se unida e fundida com a consciência universal, adquira a capacidade de exercer o poder universal.

Este fato é esclarecido nos aforismos III-49, 50 e 54 dos *Yoga-Sūtras*[17].

Haverá na vida humana qualquer indicação precisa do fato do homem ser uma expressão limitada da consciência e vida divinas, das quais se origina tudo no universo manifestado? O aforismo 10 busca responder à pergunta salientando que, mesmo sob as imensas limitações impostas à consciência quando da centralização, o indivíduo ainda está apto a executar, de maneira limitada, as cinco funções essenciais da consciência divina, mostrando assim que, ainda que ele seja uma expressão extremamente limitada dessa consciência, sua consciência é, essencialmente, da mesma natureza da suprema consciência. Uma é um microcosmo, a outra é um macrocosmo.

Essas cinco funções são enumeradas no aforismo seguinte, mas mesmo um exame superficial dessas cinco funções mostrará que não é possível se ter uma ideia completa e correta das funções divinas, tanto na manifestação do todo, quanto na vida humana. O universo manifestado é tão vasto, complexo e inacessível ao intelecto humano, que é impossível ter-se uma ideia satisfatória das funções divinas que nele estão atuando e muito menos classificá-las. Isso não seria importante se as cinco funções tivessem sido dadas como um exemplo ilustrativo, mas a maneira pela qual foram enumeradas dá a impressão de que elas são consideradas básicas ou fundamentais. Seria difícil aceitar-se esta concepção das funções divinas à vista do que foi dito acima.

Os sábios e filósofos hindus costumam classificar tudo nos reinos da filosofia e da religião. Embora isso, de algum modo, possa ajudar a

[17] *Sūtra III-49* : "Daí (resultam) cognição instantânea, sem a utilização de qualquer veículo, e completo domínio sobre *pradhāna*".
Sūtra III-50 : "Somente pelo percebimento da distinção entre *sattva* e *puruṣa*, é obtida supremacia sobre todos os estados e formas de existência (onipotência) e conhecimento de todas as coisas (onisciência) e conhecimento de tudo (onisciência)".
Sūtra III-54: "Daí (*vivekajaṃ - jñānam*), conhecimento da distinção entre similares que não podem ser distinguidos por classe, característica ou posição." *A Ciência do Yoga*, I. K. Taimni. Editora Teosófica, 1996.

clarear as ideias e fixá-las na mente, a prática é essencialmente inválida do ponto de vista filosófico. Todos os fenômenos no mundo físico, bem como todas as realidades nos reinos mais sutis da natureza, são muito complexos e, ao classificá-los dessa maneira rígida e arbitrária, não somente tentamos fazer o que realmente é impossível, mas nos arriscamos a dar uma impressão errônea daquilo de que estamos tratando. A melhor maneira de sobrepujar essa dificuldade seria tomar essas classificações não como conclusivas, mas como ilustrativas, retendo assim as vantagens da classificação e deixando margem para posteriores elaborações, adições e alterações.

Considerando a expressão parcial da consciência e do poder divinos através de uma Mônada, temos de lembrar que a Mônada não é meramente uma expressão limitada da consciência e do poder divinos, mas um microcosmo que contém em si mesmo, em forma potencial, tudo que está presente em forma desenvolvida no macrocosmo. Como foi explicado em outro lugar, a centralização da Realidade Última no centro de consciência, que a Mônada representa, significa a concentração de tudo o que existe nessa Realidade em sua forma infinita e em espaço ilimitado, num ponto através do qual a Mônada funciona, mas em uma forma potencial. É essa enorme potencialidade, presente no centro da consciência monádica desde o momento em que a individualização ocorre, que é responsável pelo irresistível e ilimitado desdobramento dessa consciência e desenvolvimento de seus poderes durante o curso de sua evolução. É natural que, quando a totalidade da Realidade se torna concentrada e confinada num ponto, aí deva estar presente, nesse microcosmo, uma poderosa tendência para se expandir e recuperar sua condição original. É por essa razão que a pressão evolutiva, no caso de todas as Mônadas, é contínua e o desenvolvimento da consciência não possui limite.

A tendência para se expandir e recuperar a condição original, que está presente no centro de consciência monádica, é expressa de muitas maneiras. O fato dos seres humanos exercerem, de maneira muito limitada, as mesmas funções que a vida divina exerce, em vasta escala, é um dos modos como essa tendência se expressa. Outra expressão facilmente compreensível dessa tendência é vista na procura universal da felicidade pela busca do prazer, conhecimento, poder, etc. A natureza essencial da Mônada é mencionada na filosofia hindu como *sat-cit-ānanda*. Esses três atributos fundamentais da divindade são muito abrangentes e deles podem derivar todos os outros atributos. Quando a Mônada perde o conhecimento de sua natureza real ao mergulhar nos mundos inferiores, é natural que procure, consciente ou inconscientemente, o que perdeu. Nos primeiros estágios de sua evolução, devido à falta de discernimento, a Mônada procura no exterior o que está realmente presente nas mais profundas camadas de sua própria consciência e busca, da maneira a mais fútil e errada, o que pode ser obtido somente pela adoção dos meios corretos e eficientes. Mas quando está evoluída suficientemente e a faculdade de discernimento chamada *viveka* já se desenvolveu em grau adequado, a Mônada adota métodos corretos e eficientes e, trilhando o caminho do desenvolvimento espiritual, acaba por recuperar a consciência de sua natureza real. E é só então que a longa e árdua procura chega ao fim e a Mônada se torna *pūrṇa-kāma*, alguém que se tornou autocontido e autossuficiente e, por conseguinte, não deseja mais nada.

O que foi dito acima mostra a necessidade de se estudar esses assuntos referentes às realidades internas e aos problemas da vida, de maneira que abranja os diferentes pontos de vista, e não apenas o de um único sistema filosófico ou orientador espiritual. Obtemos, assim, uma concepção bem mais correta e satisfatória do que estamos tentando entender. Mas o mais abrangente e fidedigno conhecimento, obtido através do estudo intelectual, é de pouco valor quando comparado com o verdadeiro conhecimento proveniente da percepção direta da própria consciência.

Aforismo 11

(11) *ābhāsana-rakti-vimarśana-bījāvasthāpana-vilāpanatas tāni*

(11) "Essas cinco funções divinas que são realizadas pela alma microcósmica, em uma forma limitada e velada, são: manifestação, fixação ou envolvimento[18], idealização, proliferação e dissolução."

Ao analisar o último aforismo, foi mencionado o fato de que cada sistema de filosofia pode nos dar uma visão, muito parcial e de um único ponto de vista, da verdade fundamental do homem, de Deus e do universo. É, por conseguinte, necessário que essas questões sejam estudadas de diferentes pontos de vista, a fim de se conseguir uma visão tão abrangente quanto possível desta verdade, no mundo limitado do intelecto. Por outro motivo, o presente aforismo mostra a necessidade de ser estabelecido um estudo comparativo da filoso-

[18] No original *raktiḥ: attachment, devotion, involvement* (a manutenção de qualquer sistema idealizado não é possível a não ser que a consciência esteja fixada ou envolvida com o que é manifestado). N.A.

fia. Cada sistema deve, não somente apresentar a verdade de um determinado ponto de vista, mas também transmiti-la por meio de uma linguagem com terminologia específica. Consequentemente, a menos que conheçamos o significado exato das palavras usadas para expressar as ideias, corremos o risco de cometer erros de interpretação ou confusão dessas mesmas ideias que procuramos transmitir ao leitor. Somente quando temos uma ideia correta e ampla das verdades da filosofia, por meio de estudo profundo e comparativo dessas verdades, podemos saber com certeza o significado de uma determinada palavra usada num determinado contexto.

O aforismo ora em discussão enumera as cinco funções divinas mencionadas no aforismo anterior. A palavra usada para cada função tem um significado particular na filosofia *Advaita Śaiva* de Kashmir em que se baseia este tratado e, a menos que o estudante esteja completamente familiarizado com as doutrinas dessa filosofia e com a terminologia usada na expressão das ideias mais conhecidas da filosofia hindu, ele terá dificuldade em entender o que cada palavra significa. Visto que os estudantes, especialmente os do ocidente, encontrarão dificuldade na compreensão dos conceitos filosóficos que fundamentam essas funções e das palavras usadas para indicá-las, uma ideia geral muito resumida de cada função será dada abaixo. Pode-se verificar que isso está de perfeito acordo com a doutrina oculta.

Ābhāsana – Palavra sânscrita, um termo técnico obscuro da filosofia hindu, que significa: fazer aparecer alguma coisa que verdadeiramente é de natureza irreal. A manifestação é um fenômeno mental e, portanto, irreal em sua natureza essencial. Mesmo nos planos mais elevados, é o resultado de "idealização", que é um fenômeno passageiro e mutável, tendo assim de ser considerado irreal e ilusório quando comparado com a Realidade que é um estado integrado e eterno, livre de diferenciação e mudanças. O *Māyāvāda* de *Śamkarācārya* apresentou esse aspecto da manifestação de maneira muito eficiente. *Ābhāsana*, no sentido da manifestação ou criação, é obviamente uma importante função divina.

Vilāpana – Palavra sânscrita geralmente interpretada como dissolução, é o oposto de *ābhāsana* e o complementa. É geralmente usada no sentido de produzir o estado de *pralaya* depois de um período de manifestação. Essa função divina, geralmente mencionada como "destruição", é realmente a retirada do que surgiu do manifestado, retornando a ele.

Virmarśana – Palavra sânscrita geralmente interpretada como: "produzindo experiência". O seu significado profundo, no presente contexto, ficará claro se lembrarmos que a experiência é o resultado da reunião do subjetivo com o objetivo. É somente quando o estado integrado da consciência é rompido na triplicidade conhecedor, conhecido e conhecimento, que ocorre a experiência individual. Mesmo no plano mais elevado, no nível macrocósmico, a concepção cósmica é acompanhada pela "experiência", mas um tipo de experiência de difícil compreensão. No *Śiva-Sūtra*, são dadas algumas indicações sobre essa espécie de experiência. De acordo com alguns dos aforismos deste tratado, essa experiência é confinada à periferia da consciência, os níveis mais interiores não são afetados e permanecem em estado de unicidade com a Realidade Una. Nos planos inferiores, a fusão do conhecedor, conhecido e conhecimento, ou a supressão da relação sujeito-objeto no *samādhi* em um nível, resulta em experiência em nível mais profundo, até que tenhamos atingido o plano da concepção divina e possamos ter a experiência direta da natureza e do conteúdo da mente divina.

Rakti – A fim de se entender a natureza da experiência, é necessário lembrar, também, que a continuação da existência ou manutenção de qualquer fenômeno mental não é possível, a menos que a consciência ou a mente esteja vinculada ao que é criado, ou envolvida pelo que é criado, através da faculdade de *buddhi*, o poder de percepção. É esse envolvimento essencial da consciência que liga sujeito e objeto e produz a experiência em todos os casos.

A experiência não é um fenômeno "sem sabor", se me é permitido usar esse termo. A experiência é acompanhada por "tempero" ou sabor sob a forma de prazer ou dor, se bem que isso seja de captação difícil nos casos de percepção sensorial, a menos que o tempero esteja presente em grau suficiente. Deve ser lembrado que a dor e o prazer são relativos e uma experiência que é sentida como prazer, num conjunto de circunstâncias, pode ser dolorosa em outra situação.

Nos planos espirituais, a dualidade de prazer e dor, que existe nos planos inferiores da ilusão e afeta o indivíduo fortemente, dá lugar a uma experiência não dual de êxtase, geralmente denominada *ānanda.* Tal acontece por causa do conhecimento parcial da natureza *sat-cit-ānanda*, quando o *Self* se dirige para mais perto do mundo da Realidade. Assim, mesmo nos planos divinos ou no nível macrocósmico, o tempero está presente em suas formas mais elevadas, podendo ser experimentado, até certo ponto, no êxtase, quando a consciência do místico se funde na consciência divina. Essa bem-aventurança, no entanto, não depende de qualquer estímulo externo, como acontece nos planos inferiores, mas jorra do interior por causa da conscientização progressiva da natureza *sat-cit-ānanda*, que é inerente ao *Self* ou mundo da Realidade. O centro de nossa consciência é imerso num oceano de amor, mas ignorando este fato, permanecemos empenhados numa procura constante e fútil de felicidade, nos objetos externos e nas conquistas deste mundo.

Bījāvāsthāpana, que literalmente significa "plantando a semente", é uma metáfora usada para a função divina da "proliferação". Como foi explicado em outro contexto, a manifestação toda é baseada nos diferentes processos de proliferação ou multiplicação das diferentes formas de variedade infinita, originadas dos arquétipos presentes na mente divina ou consciência. As incontáveis Mônadas ou *jī vātmās* individuais são o resultado da proliferação dos centros de consciência divina provenientes do grande centro ou *mahābindu,* no qual a Realidade Última está presente em seu aspecto pleno. O mesmo processo de proliferação é visto em toda a parte nos reinos animal e vegetal, assegurando a continuação das espécies. Encaradas deste ponto de vista, as cinco funções divinas, mencionadas neste aforismo, assumem um significado novo e profundo. Mas, como foi dito antes, as funções divinas no universo não podem ser definidas ou classificadas e é melhor considerá-las como ilustrativas.

Aforismo 12

(12) *tad aparijñāne svaśaktibhir vyāmohitatā saṃsāritvam*

(12) “A natureza essencial da escravidão, no mundo ilusório da manifestação, é o apaixonar-se pelo próprio poder individual limitado , devido à falta de percebimento daquela Realidade que é a única fonte existente de todo poder.”

O aforismo 9 deu indicações sobre a natureza da escravidão humana no *saṃsāra*, do ponto de vista geral da relação existente entre a Mônada e a Realidade Última, na qual a consciência individual é um centro. O presente aforismo trata da mesma questão, sob o ponto de vista psicológico. Qual é esse estado especial da mente que é a causa ou que resulta na escravidão da alma em *saṃsāra*? Ou, em outras palavras, o que constitui a natureza essencial ou causa do envolvimento da Mônada nas ilusões dos mundos inferiores, a despeito de ser essencialmente divina em natureza e sua verdadeira morada ser o mundo da Realidade? De acordo com esse aforismo, é o fato de pensarmos, erradamente, que são nossos os poderes divinos limitados que descem do alto através do centro de nossa consciência individual. O fato real é que todos esses poderes, sem exceção, têm sua fonte no poder divino inerente à consciência divina, que tudo abrange, e nos foram dados, temporariamente, para nos possibilitar operar nos mundos inferiores, como instrumentos da vida divina. Eles não têm sua fonte na individualidade separada, nem a ela pertencem. O engano está no fato de pensarmos que esses poderes têm sua fonte em nós e não no próprio poder que é real.

Essa ilusão é da mesma natureza daquela que mantemos em relação à consciência. O fato é que a nossa consciência individual é uma expressão parcial da consciência divina e a nossa mente é uma expressão parcial da mente divina, mas por falta de discernimento, nós as consideramos como nossas e achamos que podemos usá-las a nosso bel prazer. É isso que produz um sentido falso do ego em nós e suas consequências tais como orgulho, abuso de poder, apego e egoísmo.

Tudo isso afeta a todos nós, mas os efeitos são mais acentuados nas pessoas colocadas em posições em que exercem um grau extraordinário de poder político, mental, econômico ou de qualquer outra espécie. A corrupção da mente e da moral, que geralmente decorrem da posse e do uso do poder, são fenômenos muito conhecidos, que vemos por toda a parte ao nosso redor. Essa corrupção está se tornando cada vez mais difundida, proeminente e desmoralizante em seus efeitos, porque o desenvolvimento das instituições socialistas e democráticas dá, a um grande número de pessoas, a oportunidade de alcançar o poder e usá-lo para seus propósitos egoístas. Em geral, essa busca do poder utiliza a máscara do trabalho para melhorar as condições econômicas, sociais e políticas e é por isso que consegue ludibriar os outros. Mas aqueles que têm algum senso de discernimento e não estão tirando benefícios pessoais, direta ou indiretamente, podem ver a realidade através dos artifícios empregados para disfarçar a natureza egoísta e, às vezes, impudente dessas ambições e atividades.

Essa tendência está se tornando cada vez mais acentuada e assumindo proporções alarmantes. Os que perseguem o poder, conseguem alcançá-lo e aqueles, que dele auferem benefícios, são tão numerosos que estas coisas são aceitas e consideradas exercício legítimo de nossa liberdade e direitos como seres humanos.

Não haverá, então, esperança de libertação desse mal que penetrou em nossa sociedade e que, lenta e firmemente, a está desmoralizando e desorganizando? Sim, há e a esperança está na inviolável e universal lei do *dharma* ou retidão que fundamenta a criação, corrige tudo quanto há de errado e destrói todo mal, no decorrer do tempo, acarretando, mais cedo ou mais tarde, sofrimento àquele que o pratica. Todo mal traz consigo a semente de sua própria destruição e o fruto do sofrimento que lhe é destinado. As muitas histórias, que lemos nos *purānās* sobre o abuso do poder e suas consequências, são realmente alegorias que se destinam a nos mostrar os efeitos desse abuso do poder na vida comum. Os indivíduos que alcançam o poder ou se veem de posse do mesmo e dele abusam, para propósitos egoístas ou maus, atraem para si, eventualmente, desgraça e destruição. Do mesmo modo, sociedades ou nações, em que a procura do poder e seus abusos se tornam desmedidos, têm de suportar as terríveis consequências, inesperadas e imprevisíveis, das injustiças que praticaram. Por isso, indivíduos e comunidades, não mantenham a ilusão de que podem escapar ilesos com os frutos acumulados pelo abuso do poder que lhes foi confiado. Os próprios frutos, que juntaram, tornar-se-ão amargos em suas bocas e constituirão a maior causa de infelicidade e sofrimento em suas vidas. À medida que a maldade aumenta, o dia do acerto de contas se aproxima com progressiva rapidez.

Qual a razão dos que se excedem no poder perderem, gradualmente, a consciência deste fato e começarem a abusar em grau cada vez maior? O motivo é que as más ações, de qualquer espécie, física, emocional ou mental, obscurecem *buddhi*, a faculdade espiritual de discernimento, e somente *buddhi* pode distinguir o certo do errado. Isso estabelece um círculo vicioso do qual é difícil escapar, especialmente após a ultrapassagem do ponto de onde não há retorno possível. É somente o desastre, que misericordiosamente atinge o mau, que pode romper o círculo vicioso e mostrar ao indivíduo, pelo menos temporariamente, a futilidade da busca desenfreada do poder e as consequências desastrosas do seu abuso.

Os exemplos extremos, acima mencionados, do egoísmo que leva ao abuso do poder, servem não só para alertar o estudante das consequências perigosas do mau uso do poder que lhe foi confiado, mas também para mostrar-lhe como nos envolvemos mais e mais nas ilusões da vida pelo incorreto viver. Isso não quer dizer que aqueles que estão vivendo uma vida relativamente decente, estão livres das ilusões de *saṃsāra.* Certamente estão aptos a evitar as complicações derivadas de uma vida má e a consequente falta de paz da mente. Mas essas pessoas estão ainda sujeitas à ilusão básica da vida, denominada *māyā,* exatamente como todos os outros. Para libertar-se desta ilusão básica, que significa escapar de *saṃsāra,* o aspirante tem não apenas que basear sua vida na retidão, mas também adotar um caminho severo de autodisciplina, de que o *yoga* trata com detalhes.

O estado de *saṃsāri* ou de envolvimento nas ilusões e limitações dos mundos inferiores tem dois aspectos, um relacionado à consciência e o outro ao poder. O primeiro é mencionado no aforismo 6 e o outro no aforismo 9. Como a consciência e o poder encontram-se indissoluvelmente ligados, as ilusões a eles relacionadas estão sempre juntas e não podem ser facilmente distinguidas. E, pela mesma razão, só podem ser transcendidas simultaneamente, quando a autorrealização é alcançada.

Aforismo 13

(13) *tat-parijñāne cittam eva antarmukhībhāvena cetana-padādhyārohāt citiḥ*

(13) "Mas a mente individual, penetrando em direção à sua fonte central pela contemplação, pode ser compelida a retornar ao estado de pura consciência e assim, adquirindo conhecimento dela, tornar-se *citi* ou a própria Realidade."

A centralização da consciência universal, sua diferenciação e sua extroversão nos planos inferiores constituem o processo essencial pelo qual a mente individual é formada c funciona nos mundos inferiores, ficando envolvida em suas ilusões e limitações. É evidente, portanto, que o meio de acabar com esse envolvimento, percebendo o estado integrado de consciência e compreendendo nossa natureza real, será essencialmente um processo de inversão do processo acima delineado com relação à formação e ao funcionamento da mente individual. Eis o que o aforismo acima busca indicar.

É óbvio que o primeiro passo para por fim a esse envolvimento e recuperar a consciência de nossa natureza real seria inverter a direção da mente. A mente de um indivíduo comum, vivendo uma vida mundana, é voltada para fora, e não está apenas preocupada com as coisas do mundo externo, mas imbuída dessas coisas de maneira tão completa, que nem mesmo chega a estar ciente do fato. O mundo externo, em que nossa consciência está mergulhada, é um fenômeno ilusório, temporário e sempre em mutação, destituído de qualquer valor real. Isso não pode satisfazer a fome da alma, que foi privada de sua herança divina e está empenhada numa procura constante, cega e fútil daquilo que perdeu, na vida ilusória e sempre mutável deste mundo. É como o cervo sedento procurando água num deserto, correndo atrás de uma miragem sempre fugidia, até cair morto. Onde está essa Realidade que a Mônada perdeu e que é a única coisa que pode satisfazer sua fome profunda e dar-lhe paz, felicidade e libertação das ilusões e limitações da vida? Não está no mundo exterior, mas no interior e acima do centro de sua própria consciência, existente em diferentes camadas de esplendores inimagináveis de puro ser e dotado de infinito conhecimento, poder e beatitude. Esta Realidade é o nosso *Self* real e não algo que esteja fora de nós ou ao nosso lado. Assim, o primeiro passo para a recuperação de nossa herança divina é dirigir a mente para o interior, para o centro de nossa consciência.

O segundo passo é elevar a mente ou fazê-la penetrar nas camadas mais profundas, passo a passo, pelos métodos que fazem parte da autodisciplina do *yoga*. A mente foi formada e deve sua existência à descida da consciência através de seu centro individual. O desaparecimento e a eliminação da mente daquilo que impede a completa conscientização da Realidade, devem assim necessariamente depender da ascensão da consciência através do mesmo centro.

Quando o *yogue* consegue fazer isso, de maneira completa e irreversível, o que deve acontecer como consequência dessa realização suprema? A consciência aprisionada deve emergir do lado oposto do centro para o mundo da Realidade, do qual desceu quando foi envolvida nos mundos inferiores e aí começou a longa jornada por esses mundos para desenvolver suas potencialidades divinas e infinitas. E quando a consciência emerge e se torna permanentemente estabelecida no mundo da Realidade, a Mônada fica permanentemente consciente de sua natureza real e retém todo o conhecimento e poderes dos mundos inferiores sem suas ilusões e limitações. É para ganhar essa dupla vantagem que a Mônada foi exilada nos mundos inferiores da manifestação.

A diferenciação da consciência numa infinita variedade de estados mentais e a reintegração desses estados na consciência podem ser entendidas, mais claramente, com uma experiência científica simples. Se tomarmos um raio de luz e o passarmos por um prisma de vidro, sabemos que o prisma dispersará a luz branca em um espectro de luzes coloridas colocadas numa ordem determinada. Esse espectro pode ser projetado numa folha de papel branco, e aí aparecerá num *continuum* de sete cores (violeta, índigo, azul, verde, amarelo, laranja e vermelho), mostrando assim como a luz branca foi dividida em suas luzes coloridas constituintes.

É possível transformar novamente essas luzes coloridas, presentes no espectro, em pura luz branca? Sim. Basta remover a folha de papel branco e passar o feixe de luzes coloridas por outro prisma invertido, do mesmo tamanho daquele que dispersou a luz branca. A luz que emerge do segundo prisma, sob estas condições, será uma luz branca idêntica ao raio de luz branca dispersado pelo primeiro.

A diferenciação da consciência em diversos estados de mente, quando passa através de um centro, e sua reintegração em consciência pura, ao passar de volta pelo centro, são de naturezas análogas, tendo sido mencionadas nos aforismos 4, 5 e 13 deste tratado. Esse centro de consciência tem um caráter específico que é fascinante, mesmo para o intelecto que não pode compreender essas realidades internas transcendentais. É como uma ponte ligando dois mundos. De um lado, está o mundo da Realidade com seu infinito conhecimento, poder e bem-aventurança, completamente além da imaginação. De outro lado, está o da manifestação com seus vários planos, contendo inúmeros mundos espalhados pelo espaço afora. Eles são essencialmente mentais em natureza, mas parecem reais às Mônadas que estão evoluindo neles.

O fato da mente ser uma forma diferenciada da consciência e dela derivada, também dá uma pista para o fato misterioso de que não é possível captar essa mente em sua condição totalmente não modificada e saber o que ela realmente é. Pois quando está livre de suas modificações, o estado diferenciado da mente é substituído pelo estado integrado de consciência, em que o conhecedor, o conhecido e o conhecimento estão presentes num estado de fusão.

Aforismo 14

(14) *citivahnir avarohapade channo 'pi mātrayā meyendhanaṃ pluṣyati*

(14) "O fogo de *citi,* mesmo em seus estágios inferiores de manifestação, quando é coberto por vários agentes obscurecedores, está sempre queimando o combustível dos objetos no mundo objetivo, na medida de sua intensidade, pelo exercício de *viveka* ou discernimento espiritual."

Este aforismo e o seguinte têm um significado profundo, pois servem para projetar um pouco de luz na natureza da Realidade ou aquele supremo estado em que o conhecedor, o conhecido e o conhecimento dão lugar a um estado integrado do ser, no qual os três estão presentes e, entretanto, não são distinguíveis. O método adotado para exprimir essas verdades últimas da existência, em linguagem metafórica, não apenas nos habilita a ter um vislumbre das verdades transcendentais, mas também faz desses aforismos obras primas de expressão literária. Somente aqueles, cuja consciência se desenvolveu suficientemente, habilitando-os a ter uma visão profunda e real dessas verdades, podem transmitir essas ideias de maneira tão sucinta e ao mesmo tempo tão eficiente.

A fim de entendermos o significado real deste aforismo, temos de recordar mais uma vez a descida da Mônada do mundo da Realidade aos mundos inferiores, para descobrir as infinitas potencialidades que estão ocultas no centro de sua consciência. É natural que tal Ser Divino procure, consciente ou inconscientemente, recuperar a percepção da Realidade que perdeu ao se envolver nas ilusões dos planos inferiores. Nos primeiros estágios de seu crescimento evolutivo, ele procura a Realidade, não direta ou conscientemente, mas através da busca indiscriminada dos atributos divinos que são inerentes a essa Realidade, em sua forma verdadeira e ilimitada. A vida de um ser humano comum é uma busca contínua desse tipo de felicidade, embora a procura se processe no lugar errado e de forma equivocada. Ele busca no exterior o que está no interior de sua própria consciência, procurando objetos externos e perseguindo o que só pode ser obtido, em sua forma verdadeira e infinita, pela tomada de consciência de sua natureza real.

Esse é um dos aspectos da procura da Realidade. Outro aspecto é que, na constante procura da felicidade nos objetos e metas exteriores, ele seguidamente abandona um objeto depois do outro à medida que seu desejo é satisfeito. Logo que o objeto desejado é alcançado, o interesse por ele começa a declinar, desaparecendo aos poucos e sendo transferido para outro. Ou então acontece de ele ser privado desse objeto independentemente de sua vontade. A impossibilidade de obter satisfação permanente e completa de qualquer espécie de objeto ou da luta por ele, por mais desejável e digno que possa parecer no momento, é uma experiência universal na vida humana. Essa experiência constitui uma garantia de nossa libertação final de todos os laços e desejos e da realização de nossa natureza divina, o que nos tornará autossuficientes, autocontidos e autodeterminados para sempre.

Esses não são chavões religiosos ou filosóficos, mas fatos da experiência universal na vida humana. Estamos, porém, tão absortos em nossa própria vida, que os consideramos óbvios e os ignoramos completamente, como se fossem totalmente destituídos de importância. Vemos crianças se tornarem adolescentes e abandonarem seus brinquedos; tornarem-se mais velhos e empenharem-se na conquista de um meio de vida e na constituição de uma família. A força do corpo físico começa então a declinar, chega a velhice firmando seus direitos e a morte põe um fim a todas as alegrias e tristezas, esperanças e temores, ambições e misérias. Tem então início outro ciclo de vida, sob diferentes circunstâncias e com pequenas variações. Temos de abandonar o que adquirimos, somos separados daqueles a quem amamos, temos de viver com aqueles a quem odiamos, descer das posições de poder e ser ignorados e, novamente, enfrentar a velhice e a morte.

Qual é a causa fundamental dessa mudança constante e inexorável em nossos desejos e a impossibilidade de nunca ficarmos satisfeitos com qualquer objeto ou procura no reino da manifestação? De acordo com este aforismo 14, é a presença do elemento divino oculto no interior do coração de todo ser humano. Esse elemento divino, que é essencialmente da mesma natureza da Realidade Última que penetra e abrange todo o universo, contém não somente a totalidade dessa Realidade concentrada no interior de si mesma em forma potencial, mas também exerce uma pressão tremenda, embora imperceptível, para recuperar sua natureza original, livre e ilimitada que fora contraída e circunscrita ao interior do centro de consciência. O processo total de desenvolvimento da consciência e da evolução dos veículos próprios de uma Mônada individual pode assim ser considerado, à luz do que foi dito acima, como um processo de expansão da consciência ao seu estado natural, ilimitado, infinito e como uma evolução simultânea dos veículos que podem dar uma expressão adequada a essa consciência sempre em expansão.

É esse fato importante, parte integral da doutrina oculta, que se procura transmitir em linguagem metafórica neste aforismo. A Realidade, que está oculta em nosso coração, motivando e guiando nossa evolução, é da natureza do fogo e é mencionada em sânscrito geralmente como *agni,* mas no presente aforismo como *vahni.* Ela queima tudo que não seja de natureza real, na vida da Mônada, nos planos inferiores. É assim natural que, quando esse fogo de *citi* é trancado e envolvido na consciência da Mônada e desce aos mundos inferiores, expresse sua natureza essencial de fogo divino, começando a queimar e destruir todas as coisas ilusórias e irreais com as quais está associado ou nas quais está confinado. E este incêndio assume o papel de destruir o *glamour* associado a todos os objetos do desejo nos mundos inferiores. É esse fato o responsável pelo fenômeno universal de rejeição dos objetos de desejo, um após o outro, no longo caminho da evolução humana, até que a alma se torne suficientemente madura para assumir a tarefa de procurar, diretamente, a Realidade, e os inconstantes anseios por diferentes objetos e buscas mundanas são transformados na aspiração imutável de encontrar a Realidade que se torna então o único objeto de procura.

Citi ou consciência universal é fogo sob um aspecto e luz sob outro. Como fogo queima, incessante e irresistivelmente, tudo que obscurece a percepção da Realidade. Como luz da consciência se expande e aumenta a percepção espiritual do indivíduo até fundir-se na luz infinita da consciência universal. Há alusão também a esse fato no aforismo I-29[19] dos *Yoga-Sūtras*, mostrando a identidade fundamental da luz e do calor.

[19] *Sūtra I-29*: "Daí (resulta) o desaparecimento dos obstáculos e a orientação da consciência para o interior". *A Ciência do Yoga*, I. K. Taimni. Editora Teosófica, 1996.

Aforismo 15

(15) *Balalābhe viśvam ātmasātkaroti*

(15) "Ao adquirir a necessária intensidade, por meio da autodisciplina, o fogo de *citi* reduz o universo todo a si mesmo, levando à compreensão de que nada mais é que uma expressão da Realidade."

Foi assinalado no último aforismo que o fogo da consciência divina começa a queimar e destruir tudo que a cobre ou a obscurece, logo que desce aos mundos inferiores, através dos centros de consciência da Mônada individual. Mas essa combustão é extremamente lenta e quase imperceptível nos estágios primitivos da evolução. A razão para isso está no fato de que os mecanismos, através dos quais a Mônada tem de funcionar, são demasiadamente densos e resistentes à ação do fogo divino. Como sabemos, a eficiência do fogo ao queimar depende de dois fatores: um é a intensidade do fogo e o outro a combustibilidade do material que deve ser queimado. Nos primeiros estágios da evolução, essa intensidade, que é indicada pelo poder da discernimento, é muito fraca. O fogo da consciência divina, que desceu ao centro da consciência monádica, é semelhante a uma fagulha inextinguível, porém muito fraca em sua capacidade de combustão. Em segundo lugar, os estados da mente que se desenvolveram são excessivamente rudes e não respondem à ação desse fogo.

Isso é bastante natural e previsível. A finalidade da descida da Mônada aos mundos inferiores é desenvolver suas potencialidades divinas e, a menos que este objetivo tenha sido atingido em grau adequado, a questão de sua libertação das ilusões e limitações dos mundos inferiores não é levantada. O fato de haver uma completa falta de real interesse nas realidades da vida interna e um insaciável apetite por experiências nos mundos inferiores mostra que o tempo de pensar no retorno ao verdadeiro lar, no mundo da Realidade, não chegou ainda para a alma. Há casos em que a alma está suficientemente desenvolvida para empreender a jornada de volta à sua morada real, mas o *karma*, ou qualquer tipo de trabalho que tenha de fazer no mundo, para atender ao plano divino, interrompe a expressão desta demanda divina. Nessa situação, a carapaça da ignorância e da indiferença se quebra subitamente quando a hora é chegada e a tendência de uma vida inteira muda repentinamente.

À medida que a evolução prossegue e a alma se torna progressivamente amadurecida, o fogo da sabedoria começa a queimar, em crescente intensidade e cada vez com maior eficiência, para deter e destruir as ilusões secundárias e óbvias da vida. A centelha da divindade é lentamente insuflada pelos repetidos desapontamentos, desilusões e misérias da vida e se transforma em chama. As vicissitudes cataclísmicas da vida, pelas quais o indivíduo tem às vezes que passar, sacodem-no da modorra espiritual, ainda que só temporariamente, nos primeiros estágios de seu desenvolvimento. Ele se sente espantado e desacorçoado com essas experiências e começa, lentamente, a fazer perguntas sobre as razões de ter de sofrer e passar por todas essas aflições e tribulações. O indivíduo começa a pensar, seriamente, sobre os problemas mais profundos da vida e suas soluções, afirmando-se então lentamente a necessidade de ser encontrada uma saída permanente e eficiente para esses problemas. Para atingir essa mudança de atitude em relação à vida humana, o indivíduo é ajudado, até certo ponto, pelos ensinamentos dos grandes instrutores e filósofos religiosos, que não apenas realçam as ilusões inerentes à vida comum e suas misérias, mas também indicam a maneira de se escapar dessas condições indesejáveis.

Há uma diferença fundamental entre essa atitude de investigação séria e de esforço para encontrar uma solução permanente e eficiente para os grandes problemas da vida humana e a atitude do homem comum. O homem religioso ortodoxo comum, professa também a crença nas verdades da religião e da filosofia, pode pregá-las aos outros, com grande entusiasmo, e realizar as atividades religiosas rotineiras, com regularidade escrupulosa, mas sem empenho sincero, sem vontade real de se libertar das condições indesejáveis da vida humana, sem procurar e sem aplicar meios eficientes para tal finalidade. Uma vida de religiosidade notável e mesmo de fanática adesão aos ideais religiosos e à sua defesa pode coexistir, e geralmente coexiste, com uma completa indiferença em relação aos problemas mais profundos da vida humana e mesmo com atividades de natureza altamente indesejável, que conservam os olhos internos da alma inteiramente fechados, impedindo mesmo que o indivíduo veja qualquer contradição entre o que professa e o que pratica. Isso acontece porque somente a verdadeira *viveka* pode distinguir entre o certo e o errado, entre o essencial e o supérfluo, entre o verdadeiro e o falso, entre o ilusório e o real. Nesse caso, essa faculdade espiritual de discernimento não está ainda desenvolvida em grau adequado. O indivíduo necessita de um número maior de experiências amargas, mais golpes em sua cabeça, mais sofrimento que o desperte de seu sono e o faça clamar, angustiado, por luz e libertação de suas aflições. E a natureza continuará a proporcionar-lhe essas experiências, de modo crescente, até que desperte e comece a trilhar a senda que o levará à emancipação final. Esta é a senda do *yoga*, na qual pela prática sistemática de *viveka, vairāgya* e de outras técnicas, a conscientização da Realidade Una é finalmente atingida, libertando, para sempre, o *yogue* das ilusões e limitações da vida humana.

A expressão *viśvam ātmasātkaroti* é extremamente adequada e bela para descrever o processo de transformação dessa infinita variedade de fenômenos do universo em diferentes aspectos e expressões da Realidade Una, na consciência do *yogue*. É uma experiência única, na qual nada realmente muda e, entretanto, tudo muda. Não há nenhuma mudança no que se vê, mas o que é visto, é visto à luz da Realidade, a partir do centro da própria consciência, e transformado na percepção da Realidade. Tudo é queimado no fogo da sabedoria e se torna a própria sabedoria.

Sob o ponto de vista científico, se a intensidade do calor de um corpo em aquecimento cresce progressivamente nada restará, no fim, exceto calor ou energia. O sólido será reduzido a líquido, o líquido a gás e o gás a fótons de luz. Eis o que procura transmitir a misteriosa afirmativa:

"Todo ponto negro cederá seu lugar à luz, se houver suficiente intensidade de convulsão".

Aforismo 16

(16) *cidānandalābhe dehādiṣu cetyamāneṣ vapi cidaikātmya - pratipatti - dārḍhyaṃ jīvanmukti*

(16) "Ao atingirmos nossa natureza *cidānanda* na autorrealização, há um contínuo percebimento de nossa natureza real subjacente, mesmo que o mundo mental contendo nosso corpo, etc. esteja ainda presente no campo da consciência. É esse estado que é chamado *jīvanmukti* ou liberação na condição corpórea."

A afirmativa enigmática e concisa do aforismo anterior é esclarecida, até certo ponto, no presente aforismo. Quando a autorrealização ocorre e a consciência do *yogue* funde-se com a consciência universal, tudo no mundo objetivo, incluindo os corpos do *yogue*, é percebido como uma expressão da Realidade Una. Esses corpos, ainda que sejam vistos como parte do mundo objetivo, sob essas condições, não influenciam sua consciência, separando-a do resto do mundo objetivo. A ideia de separação e egoísmo, que cria as ilusões e limitações da vida nos mundos inferiores, desaparece e é esse fato que liberta a alma das cadeias dos mundos inferiores. O *yogue* que atingiu esse estágio está apto a manter a consciência de sua identificação com a Realidade Una, a despeito das atividades em que esteja empenhado e dos corpos através dos quais esteja operando. É por essa razão que ele é chamado um *jīvanmukta*, isto é, liberado, embora ainda vivendo nos mundos inferiores. Sua vida exterior é vivida como a das outras pessoas, mas ele é completamente independente da própria individualidade que cria as ilusões dos mundos inferiores e está, consequentemente, livre destas ilusões e das limitações resultantes dessa conexão.

Há dois pontos correlatos que devem ser ressaltados, a fim de esclarecer as ideias a respeito desse estado. A primeira é que *jīvanmukti* ou liberação não significa entrar num novo mundo ou *loka*. É um estado de consciência no qual tudo que existe, incluindo o mundo objetivo, é visto como um aspecto ou expressão da Realidade Una, nada podendo existir além nem separadamente dela.

Liberdade implica, realmente, em passar de um lugar ou conjunto de condições onde há restrições a movimentos ou atividades, para outro onde elas tenham sido eliminadas. Liberação não significa, obviamente, o ingresso em um novo mundo, à parte ou separado do mundo que se deixa. Ao atingi-la, tudo é percebido, diretamente, como uma parte integral da Realidade Una, para onde se deve ir, do que se pode fugir, a que se ater, do que se separar, o que se pode desejar, o que se pode abandonar. Nesse estado supremo de iluminação, não é teoricamente possível tal transição, mudança de lugar, estado ou relação, pois a Realidade, na qual o *yogue* se estabeleceu, tudo penetra, tudo abrange e é um todo indivisível.

O segundo ponto a ser notado é que a tomada de um corpo nos planos inferiores para fazer qualquer trabalho, como *adhikāri puruṣa*, favorecendo o plano divino, não faz qualquer diferença para o indivíduo liberado, exceto que ele tem que atuar sob certas limitações, que são inerentes ao plano especial, no qual sua consciência está funcionando. Por exemplo, se ele está trabalhando no plano físico através de um corpo físico, tem que manter esse corpo como as outras pessoas, alimentando-o em intervalos regulares e descansando à noite pelo sono. É verdade que os poderes extraordinários, que acompanham esses altos estados de consciência, o habilitam a sobrepujar algumas das limitações. Há, porém, limitações que são inerentes à própria constituição de um corpo operando em determinado plano e a consciência tem de funcionar, sob essas limitações, enquanto estiver confinada a esse plano. Como o centro de consciência pode se deslocar para cima ou para baixo nos diferentes planos, com a maior facilidade, pela ação do mecanismo *suṣumnā*, as limitações de um plano podem ser superadas, a qualquer momento, não impedindo, portanto, o trabalho do *adhikāri puruṣas*.

Para aqueles cujo conhecimento das realidades internas da vida é insuficiente e que não sabem o que significa a expressão *adhikāri puruṣa*, pode-se chamar a atenção para o fato de que há um governo interno do mundo, exercido por uma hierarquia de adeptos do ocultismo que são indivíduos liberados. Eles preenchem altas funções de grande responsabilidade como a de *manu* de uma raça, levando adiante seu trabalho desconhecido e não reconhecido no mundo exterior. Esses indivíduos são chamados *adhikāri puruṣas* e a expressão significa literalmente aquele que tem uma função de responsabilidade para executar um determinado tipo de missão e possui poderes necessários para a execução desse trabalho. É essa hierarquia oculta que guia a evolução da humanidade a partir do mundo interior e, por um constante ajustamento e correção de forças e movimentos no mundo exterior, assegura a consumação do plano divino.

Cumpre também notar a palavra sânscrita *dārḍhyam* que significa "firme" ou "constante". A compreensão da verdade última é um processo progressivo no mais alto nível da autodisciplina do *yoga*. Visões temporárias da Realidade, de esplendor e profundidade crescentes, começam a aparecer quando o *yogue* atinge o estado exaltado da consciência *ātmica*, mas essas visões fenecem ou desaparecem completamente, devido à reversão da consciência aos estados inferiores, ainda que mesmo esses estados inferiores sejam tão transcendentais em sua natureza que ficam inteiramente fora do alcance da imaginação humana. A liberação ou *jīvanmukti* significa tornar-se permanente e irreversivelmente estabelecido no mundo da Realidade, mas esse supremo estado só pode ser atingido depois de um grande esforço contínuo para recuperar a consciência da Realidade sempre que perdida. O método para consegui-lo está indicado no aforismo 19 do *Pratyabhijñā Hṛidayam*, aforismo III-24 do *Śiva-Sūtra* e aforismo IV-29 dos *Yoga-Sūtras*[20].

Pode surpreender ao estudante que somente dois aspectos da tríplice Realidade, denominada *sat-cit-ānanda* em sânscrito, tenham sido mencionados neste aforismo. A explicação desta aparente anomalia está no fato de que mesmo que a Realidade seja tríplice em sua natureza, o terceiro aspecto chamado *sat* não pode ser "ganho", como a palavra sânscrita *lābhe* implica. Somos *sat*, a verdade última, em nossa natureza mais profunda e essencial e seria absurdo dizer-se que "ganhamos" *sat* na autorrealização. Se ganharmos *sat*, então quem é o ganhador desse *sat*, pois além de *sat*, a Realidade Última, nada existe. Na autorrealização, nós nos estabelecemos, permanente e irreversivelmente, em nossa natureza *sat*.

[20] *Sūtra IV-29*: "No caso de alguém que é capaz de manter um estado constante de *vairāgya*, mesmo em relação ao mais exaltado estágio de iluminação e de exercer o mais elevado tipo de discernimento, segue-se *dharma-megha-samādhi*".
A Ciência do Yoga, I. K. Taimni. Editora Teosófica, 1996.

Aforismo 17

(17) madhyavikāsāt cidānanda-lābhaḥ

(17) "A autorrealização ou o atingimento do estado de *cidānanda* é possível pelo desdobramento e desenvolvimento do centro de consciência individual."

Depois de examinar a descida e expressão da consciência através de seu centro e sua manifestação nos diferentes estados da mente e fenômenos mentais e, também, a possibilidade da liberação da consciência dos mundos inferiores nos quais ficou envolvida, o autor faz sugestões, neste aforismo, sobre o princípio geral que fundamenta o método de liberação. A maioria dos aspirantes, que não está familiarizada com a concepção oculta sobre a total constituição do ser humano e a maneira como a consciência e seu produto diferenciado, a mente, funciona nos diferentes veículos, achará difícil entender o profundo significado deste enigmático aforismo.

O aspecto importante, que devemos considerar ao analisar esta questão da liberação da consciência das ilusões e limitações dos mundos inferiores, é que todos os veículos de um *jī vātmā* estão energizados, controlados e que a mente, que funciona através deles, está iluminada pelo seu centro comum que é concêntrico com o grande centro chamado o *mahābindu,* em sânscrito. Esse tópico foi discutido, detalhadamente, nos capítulos sobre a natureza desse ponto, em *O Homem, Deus e o Universo* e não necessitamos nos demorar mais sobre o assunto. Mas é necessário explicar brevemente, no presente contexto, a função desse centro na expressão da mente e da consciência através dos veículos e a liberação da consciência desses veículos, através de seu centro comum.

A ideia central a ser considerada, ao analisar esse problema, é que a mente e a consciência podem funcionar somente através de um ponto e podem ser transferidas de um plano para outro, através de um centro comum, que liga os veículos nos diferentes planos. Os complexos e elaborados veículos, nos três planos mais baixos, servem meramente como mecanismos para estabelecer contato da mente e da consciência com os fenômenos do mundo externo e, assim, fornecer experiências de várias espécies à alma em evolução. Nesse processo, são os nervos, o cérebro e outros órgãos invisíveis, como os *chakras*, os verdadeiros instrumentos da mente e da consciência, servindo o resto do corpo apenas para manter os instrumentos vitais, com esta finalidade. A mente e a consciência se espalham, por assim dizer, pelo cérebro, nervos e órgãos dos sentidos, estabelecendo contato com o mundo externo através dos *jñānendriyas* e afetando o mundo externo através dos *karmendriyas.*

Se nos aprofundarmos no estudo do funcionamento do mecanismo que habilita a consciência e a mente a atuar nos mundos da manifestação, verificamos que mesmo o cérebro, os nervos, etc. são meros instrumentos externos, nos planos materiais. O instrumento real é o centro de consciência, no qual os veículos da Mônada estão centrados e, através dos quais, a consciência pode se deslocar para cima e para baixo, do mais alto para o mais baixo dos planos, sem realmente se mover no sentido usual. É difícil detectar esse fato nos planos mais baixos da personalidade, nos quais o centro comum está oculto nos veículos envolventes, mas, nos planos espirituais onde os veículos são atômicos, o papel que o centro concêntrico ou *bindu* representa, no funcionamento da consciência, é facilmente discernível.

Considerando a liberação da consciência desse complexo mecanismo da mente e dos veículos nos diferentes planos, é necessário lembrar que quando a consciência se vê envolvida na, assim chamada, matéria nos planos mais baixos e constrói veículos para sua expressão nesses planos, o meio para livrar-se desse mecanismo psicomaterial é recuperar a percepção de que sua natureza divina está presente no veículo. Tal instrumento habilita a Mônada a se libertar da escravidão e associação com a matéria, quando o propósito da involução e evolução for realizado e a Mônada ficar livre para voltar ao seu verdadeiro lar no mundo da Realidade, com todos os frutos das experiências, faculdades e poderes que desenvolveu durante o longo percurso de sua evolução humana.

Todo o mecanismo de *suṣumnā*, com as forças e energias invisíveis que estão a ele associadas, deveria ser visto sob essa luz É uma espécie de caminho de fuga instituído para a Mônada voltar ao lar real, quando a hora chegar. É claro que esse mecanismo só é necessário ao se aproximar o fim da longa jornada da autodisciplina do *yoga*, quando a alma se tornar espiritualmente madura e desenvolver as faculdades latentes e os poderes potencialmente ocultos. Mas o importante a ser lembrado é que os meios e caminhos de retirada estão sempre presentes, para serem usados quando necessário. Os últimos dois aforismos do *Śivā-Sutra* enfatizam esse fato fundamental.

A maioria dos aspirantes esquece ou não conhece este ponto e tem a impressão de que a técnica do *yoga* é somente uma técnica de controle da mente, sendo possível ignorar esse mecanismo. Mas se o funcionamento da mente depende desse mecanismo e das energias específicas como *prāṇa* e *kuṇḍalinī* que fluem por ele, o mecanismo tem, consequentemente, que ser também utilizado. A regulagem e manipulação das correntes de *prāṇa* e *kuṇḍalinī* fazem parte do processo de apreensão desse mecanismo, de modo a libertar a mente e a consciência da parte de sua natureza que as limita e prende.

É verdade que o controle desse mecanismo nem sempre é feito pelo próprio aspirante, em todos os sistemas de *yoga* e as mudanças necessárias são realizadas pelo guru ou pelo poder divino, quando e como se fizerem mister, algumas vezes sem qualquer conhecimento do discípulo a respeito. Isso é possível porque as forças e energias, que fluem através do mecanismo, podem ser controladas e reguladas tanto de cima como de baixo. Por exemplo, em *bhakti yoga* ou o caminho do amor, o devoto não faz qualquer esforço para vencer esse difícil problema que é resolvido pelo seu *iṣṭa devatā* ou pelo guru que atua como agente do *iṣṭa devatā*. De fato, nos últimos estágios do *yoga*, quando os mais altos centros existentes nos veículos têm de ser energizados, a manipulação e regulagem das forças mais sutis, como *kuṇḍalinī,* só podem ser iniciadas pelo poder divino, agindo através de seus agentes autorizados e qualificados, que devem ser entes liberados. Isso é para evitar que aspirantes, não devidamente qualificados e inescrupulosos, alcançem altos níveis de consciência e venham a trair seus segredos ou usar indevidamente seus poderes.

Esse aforismo é outra obra-prima de afirmação de uma verdade oculta, em forma condensada. Suas cinco palavras (sânscritas) corporificam a técnica essencial do *yoga*, assim como seus objetivos. Pois o *yoga* é a ciência da revelação da Realidade que está oculta no coração humano, pelo desdobramento das diferentes camadas da mente e da consciência, uma após a outra. A expressão sânscrita *madhyavikāsāt*, que significa "pelo desdobramento do centro", mostra, de maneira muito apropriada, o processo de revelação da Realidade que está oculta no centro da consciência.

Aforismo 18

(18) *vikalpakṣaya - śakti - samkoca - vikāsa - vāhacched - ādyantakoṭi - nibhālanādaya ihopāyāh.*

(18) "Os métodos para desenvolvimento do centro são: parar gradualmente a atividade da mente, aprender a técnica do recolhimento e projeção do poder divino manifestado através do centro de consciência; regular e, quando necessário, interromper a circulação de *prāṇa* e de outras espécies de energia em seus respectivos canais; tentar perceber a Realidade no ponto e além do ponto, pela penetração nesse ponto e nos estados extremos nos dois lados, e outras técnicas do *yoga* de natureza semelhante."

Esse aforismo aperfeiçoa, de certo modo, o princípio geral estabelecido no último aforismo com relação ao método para se atingir a autorrealização, pelo desenvolvimento do centro de consciência. Certas técnicas do *yoga*, não muito conhecidas e expressas em linguagem pouco usual, foram citadas e aqueles, que estão profundamente interessados nesse assunto, acharão interessante estudar o real significado das expressões usadas para essas técnicas.

Tendo em vista a natureza desses diferentes métodos, é necessário lembrar dois fatos importantes.

Primeiro, que os métodos citados devem ser considerados como ilustrativos das práticas que podem ser adotadas para a realização da finalidade do *yoga*, e não como uma análise exaustiva do assunto. Toda a ciência do *yoga*, com suas várias práticas e técnicas, fornece ao *sādhaka* um grande número de opções, sendo-lhe facultado escolher, dentre essas, as mais convenientes ao próprio temperamento, estágio de desenvolvimento ou objetivo imediato em vista. Ou, se for bastante afortunado e estiver em contato direto com um guru competente, o *sādhaka* pode ser completamente guiado por ele nesse assunto.

Segundo, o estudante deve procurar entender o profundo e real significado das palavras que são usadas para indicar as diferentes práticas, e não ficar satisfeito apenas com o seu significado literal, uma vez que elas que são de natureza técnica e não lhe darão nenhuma ideia, a menos que ele esteja familiarizado com a filosofia básica. Cada escola de pensamento, como já foi mencionado, tem sua própria terminologia para indicar os diferentes métodos usados nas várias escolas de misticismo e ocultismo, ainda que o objetivo final de todos os verdadeiros sistemas de autocultura espiritual seja o mesmo, isto é, a autorrealização. Há também alguns métodos específicos de escolas fundadas por determinados mestres, mas esses geralmente são transmitidos pessoalmente àqueles que pertencem à escola e não são divulgados entre os não-iniciados. Dessa maneira, todas as escolas trazem sua contribuição ao fundo geral de conhecimento teórico relativo a esta ciência sagrada, que tem sido transmitida de uma geração a outra, durante milhares de anos.

Consideremos, de modo muito sucinto, as práticas recomendadas neste aforismo, para o desenvolvimento do centro de consciência.

Vikalpa significa literalmente "erro", "incerteza", "imaginação". Visto que todos esses defeitos são característicos da mente inferior, cujo conhecimento está viciado pela ignorância e é irreal, a palavra é usada no seu sentido mais amplo para a atividade da mente nos planos inferiores da ilusão. A palavra *kṣaya* significa "cessação gradual com dissolução final". Assim a frase *vikalpakṣaya* significa a gradual cessação das atividades e tendências da mente que obscurecem a luz da Realidade. A frase, portanto, significa praticamente o mesmo que o aforismo 1-2 dos *Yoga-Sūtras*[21], ainda que as palavras usadas sejam tão diferentes.

Śakti-saṃkocavikāsa. Essa expressão significa, literalmente, a retirada e projeção voluntárias do poder divino, manifestando-se através do centro de consciência individual. A fim de entender o significado dessa frase no presente contexto, é necessário recordar que o poder divino é a base do universo manifestado e é somente quando ele é projetado, através do centro de consciência, que um mundo manifestado de natureza mental vem à existência, tendo por centro o ponto da consciência. Isso é verdade, tanto no mundo microcósmico do ser humano, quanto no mundo macrocósmico de um *Īśvara* ou Logos. Quando o poder integrado é projetado através do centro de consciência, ele é diferenciado em inúmeras formas de energia, que fornecem o mecanismo pelo qual a consciência e a mente funcionam no mundo que passa a existir.

Deve ficar claro, portanto que, para a consciência se libertar do mundo da manifestação e se tornar estabelecida em sua natureza real, ela tem que adquirir o poder de retirar-se do mundo mental que criou. É somente então, que a consciência estará livre para se recolher ao mundo da Realidade e aí permanecer numa forma integrada, ou descer ao mundo da manifestação pela reprojeção de seu poder através de seu centro de recriação de um mundo em torno desse centro. É essa espécie de controle sobre o poder divino que habilita um indivíduo liberado a funcionar tanto no manifestado quanto no imanifestado. O

---

[21] *Sūtra I - 2:* "*Yoga* é a inibição das modificações da mente". *A Ciência do Yoga*, I. K. Taimni. Editora Teosófica, 1996.

modo como esta técnica é adquirida, está indicado em alguns dos aforismos do *Śiva-Sūtra.*

Vāhaccheda. A terceira prática recomendada, neste aforismo, é *vāhaccheda,* que significa literalmente a regulagem e interrupção das correntes que fluem por seus respectivos canais. A frase, obviamente, se refere às correntes de energia como *prāṇa* e *kuṇḍalinī*, fluindo por seus respectivos canais chamados *nāḍis*. Estas correntes controlam e regulam, não somente as várias espécies de processos vitais nos veículos, mas também a expressão da mente e da consciência através deles. Por exemplo, é sabido que as expansões da consciência, que são o objetivo da prática do *yoga*, só podem acontecer com a passagem de *kuṇḍalinī* pelo canal *suṣumnā* na coluna vertebral e a ativação dos vários centros ou *chakras* que ligam os diversos veículos da consciência.

Os métodos empregados na manipulação dessas correntes são, também, um segredo muito bem guardado do caminho do *yoga*, e o seu conhecimento é dado, somente, àqueles que estão espiritualmente amadurecidos e propriamente qualificados para essa finalidade e que não o usarão para finalidades egoístas. É verdade, que um grande número de *pseudoyogues* e professores de *yoga* imiscuem-se nesses assuntos e conseguem também adquirir certos poderes, mas esses são de natureza espúria e seu exercício é eivado de grandes perigos para a vida e sanidade dos que recorrem a tais práticas para satisfazer a vaidade ou sede de poder. Tais métodos podem ser usados, apropriada e seguramente, apenas nos mais altos estágios da prática do *yoga*, quando uma sólida base de caráter foi firmada , um completo controle sobre os veículos foi adquirido e a mente está completamente livre de toda espécie de egoísmo e desejos vulgares, que motivam a vida dos seres humanos comuns. A manipulação dessas correntes de energia, como *kuṇḍalinī*, é desejável somente quando os veículos físicos e mais sutis estiverem apropriadamente desenvolvidos, purificados e submetidos ao controle da vontade. Então, só é necessário abrir os canais entre os vários veículos, para que a consciência possa se mover para cima e para baixo na faixa de comunicação entre eles, de acordo com o que for determinado pela vontade espiritual do indivíduo. Isso requer um adestramento intenso e rigoroso, sob a direta supervisão de um *sat-guru*, que já tenha palmilhado o caminho e possua todo o conhecimento necessário para guiar o discípulo e habilitá-lo a desenvolver esses poderes com segurança. Mas o *sat-guru* deve ser um indivíduo liberado e não um mero diplomado a quem o título tenha sido conferido por seus discípulos excessivamente entusiasmados ou mesmo por ele próprio.

Ādyantakoṭi nibhālana. O último meio de desenvolver o centro citado nesse aforismo é de caráter enigmático e sua tradução literal é "percepção do começo e do fim do ponto". A fim de entender o significado dessa afirmativa, aparentemente ininteligível, temos de recordar, mais uma vez, a importante função de um ponto ideal na manifestação e a maneira pela qual ele serve de instrumento para a expressão da mente e consciência individuais, pela centralização e limitação da Realidade infinita e sem limites, que é a base do universo. Nessa Realidade, que é global e integrada, não pode haver começo nem fim, porque ela está acima do tempo e do espaço. Começo e fim só existem em coisas pertencentes ao reino da manifestação. Começo e fim são produtos de fenômenos mentais que têm lugar na mente de um indivíduo, e como a mente de um indivíduo está centrada num ponto, sua origem deve ser procurada nesse ponto.

O conjunto do universo manifestado, que tem bilhões de sistemas solares espalhados num espaço aparentemente ilimitado e num tempo aparentemente sem fim, opera na mente universal dos Logos cósmicos e aparece e desaparece na eterna alternância de *srsti* e *pralaya.* Ele tem um começo e um fim e isso acontece a tudo que está presente no universo. Para perceber esse fato fundamental concernente à natureza do universo manifestado, a consciência do indivíduo deve estar centrada no grande ponto ou o *mahābindu*, do qual o universo é projetado. Quando a consciência do indivíduo está assim centrada, ela realmente está no limiar entre os dois mundos, o mundo da Realidade de um lado e o mundo da manifestação do outro, podendo passar de um para outro desses mundos com grande facilidade. De fato, os dois mundos se tornam um único para tal indivíduo.

A prática de "perceber o começo e o fim no ponto" não é outra coisa senão adquirir a capacidade de erguer o centro da consciência individual ao nível da consciência universal. Essa é, naturalmente, a conhecidíssima técnica do *yoga* no mais alto estágio.

Aforismo 19

(19) *samādhisaṃskāravati vyutthāne bhūyo bhūyaś cidaikyāmarśān - nityodita - samādhi - lābhaḥ*

(19) "A fim de atingir o estado permanente e irreversível de *samādhi,* é necessário fundir a própria consciência com a Realidade Una, muitas e muitas vezes, sempre que o estado de *samādhi* começar a desaparecer e a atividade mental começar a aparecer."

Samādhi é um estado de consciência que dura um período curto, nos primeiros estágios, e é sucedido por um estado inferior, no qual a mente se torna novamente ativa e o estado de *samādhi* chega ao fim. Embora ele não seja uma completa reversão ao estado anterior, sendo caracterizado por muitos fatos novos advindos do *samādhi* temporário, ainda assim, esse estado interrompido de *samādhi* não é o objetivo final do *yoga* e não pode liberar o *yogue* das ilusões e limitações dos mundos inferiores.

Em primeiro lugar, uma visão temporária da Realidade, obtida dessa maneira, não pode ser uma total compreensão dessa Realidade.

Plenitude ou totalidade e permanência andam juntas, porque são realmente dois aspectos do mesmo estado geralmente chamado de eterno. As palavras "eterno" e "real" se referem à mesma consciência suprema que está na base do universo manifestado e sempre permanece total, imutável e oniabarcante. Aquilo que é real não somente deve estar acima do tempo e do espaço, mas também acima de expressões parciais características de estados diferenciados.

Em segundo lugar, a tendência à interrupção do mais alto estado de *samādhi* e reversão a um estágio inferior no reino do tempo, espaço e diferenciação significa que o processo de autorrealização não foi irreversível e o perigo de ser desviado ou cair dos altos estados atingidos ainda está presente. Todos os adeptos do ocultismo, verdadeiramente liberados, não somente entraram no mundo da Realidade e atingiram a completa realização de sua natureza divina, mas se tornaram, permanente e irreversivelmente, estabelecidos nesse mundo. Não há possibilidade de se verem envolvidos outra vez nas limitações e ilusões dos mundos inferiores. É verdade que podem descer, novamente, a esses mundos e trabalhar na realização do plano divino, mas esse é um empreendimento voluntário, em que eles mantêm completo contato com o mundo real. Isso não tem nada a ver com a "queda" de indivíduos no caminho do *yoga*, devido a alguma fraqueza em sua natureza ou ao fato de não terem atingido o estado final e completo da liberação.

Encontramos, nos verdadeiros tratados ocultos, como os *Yoga-Sūtras* ou *Śiva-Sūtra*, que apresentam os problemas envolvidos na autorrealização, referências aos estados intermediários existentes entre a realização completa e a parcial, ao perigo de "queda" inerente a esses estados e à necessidade de atingir o verdadeiro estado de liberação do qual nenhuma "queda" é possível. Esses estudos não apenas apontam os perigos, mas também sugerem os meios que devem ser adotados, a fim de ser atingido o estado de completa autorrealização ou liberação, que está acima da necessidade de ser tentado e da possibilidade de uma queda.

Pelas razões acima, atingir a autorrealização parcial em *samādhi* temporário é considerado apenas um estágio no caminho do *yoga* e, depois de alcançá-lo, é necessário dar continuidade aos esforços para torná-lo permanente e irreversível. Isso pode ser feito somente pela repetição constante desse processo e pela tentativa de atingi-lo com maior frequência, facilidade e perfeição. Esse é um princípio geral aplicável a toda espécie de realização, mesmo na vida comum. Conseguimos, de algum modo, alcançar o resultado colimado, na primeira vez, com grande dificuldade, mas se continuamos a repetir o esforço, cada vez com maior empenho e intensidade, com o correr do tempo tudo se torna fácil e perfeito.

Esse princípio é também aplicável à consecução do estado de autorrealização, mas há uma diferença entre a aplicação do princípio e o resultado obtido, devido à natureza única do fim desejado. No caso de uma realização comum, que pode ser atingida em graus progressivos de perfeição, aquele que a procura não se identifica com essa perfeição desejada, não havendo, portanto, mudança na natureza da perfeição progressiva que é conseguida. Mas na autorrealização, aquele que busca torna-se uno com aquilo que é buscado e, em tal estado, é obviamente impossível esforçar-se por alcançar uma perfeição cada vez maior, como seria possível no caso das buscas mundanas.

Além disso, o estado de iluminação atingido na autorrealização é tão fundamentalmente diferente do mais alto estado de iluminação no mundo da manifestação, que não é possível para a mente humana compreender, mesmo parcialmente, a natureza dos estágios seguintes do desenvolvimento da consciência, nas regiões ainda mais profundas das realidades que se abrem ante o *māhātma,* que se tornou um *jīvanmukta.* Tudo o que podemos limitadamente entender é que algum tipo de desenvolvimento continuará ainda habilitando o indivíduo liberado a ocupar cargos de cada vez mais alta responsabilidade e poder, até que se torne o Logos ou *Īśvara* de um sistema manifestado.

Posto que esse método de esforço repetido, feito para a recuperação da iluminação, tem sido expresso de maneira um tanto peculiar e que alguns estudantes podem sentir dificuldade em entendê-lo, seria útil analisarmos algumas frases sânscritas neste aforismo e esclarecer o significado das palavras usadas. A frase complexa:

bhūyo bhūyaś cidaikyāmarśān
quando analisada, toma a seguinte forma simples:
bhūyah+bhūyaḥ+citi+aikya+āmarśāt

A palavra *bhūyo* é realmente *bhūyaḥ* e tomou a forma *bhūyo* de acordo com as regras da gramática sânscrita. *Bhūyaḥ* + *bhūyaḥ* significa "outra vez e outra vez".

Citi significa a consciência universal, da qual a consciência individual é uma expressão parcial, através de seu centro comum. A finalidade última do *yoga* é inverter o processo de centralização da consciência e, no último estágio da prática do *yoga*, isso significa a passagem da consciência individual pelo centro comum, emergindo do outro lado no reino da consciência universal e tornando-se una com ela. É devido à tendência da consciência individual de reverter à sua condição centralizada, que esse processo de integrar-se à consciência universal tem de ser repetido, muitas e muitas vezes, até que a consciência individual esteja livre desta tendência e possa ficar, permanente e irreversivelmente, estabelecida no mundo da Realidade. Como se pode obter esse resultado? Ficando ou tentando ficar permanentemente consciente dessa unicidade. Eis o que a palavra sânscrita *āmarśāt* significa. A mesma técnica é mencionada no aforismo IV-29 dos *Yoga-Sūtras*[22] e no aforismo III-24 do *Śiva-Sūtra.*

A expressão *nityodita-samādhi* significa o estado de constante percepção da Realidade, mesmo no meio das atividades mentais do mundo da manifestação. O sol da consciência divina aparece, então, brilhando o tempo todo e não mais se pondo como nos primitivos estágios.

---

[22] Ver nota ao aforismo 16, na p. 88.

Aforismo 20

(20) *tadāprakāśanandasāra - mahāmantra - vīryātmaka – pūrṇāhaṃtāveśāt sadā sarvasargasaṃhārakāri nijiasaṃvid - devatā - cakreśvaratā - prāptir bhavatītī Śivam.*

(20) "É então atingida aquele percebimento todo abrangente da Realidade Última, que é a essência da consciência e da bem-aventurança, na qual está presente, inerentemente, o poder integrado do som capaz de criação e destruição de qualquer espécie, em qualquer lugar e em qualquer tempo, e que confere a condição de Senhor (*Īśvara*) hierarquia das deidades atuantes, num determinado sistema manifestado que, em resumo, é a Realidade Última designada como *Śiva*."

Esse é um dos aforismos mais importantes e mais interessantes deste tratado, por projetar alguma luz na natureza da consciência e poder atingidos na autorrealização, quando a consciência da Mônada individual se torna indissoluvelmente unida à consciência universal denominada *Śiva*. A palavra *tadā*, que significa "então", destaca o fato de que essa realização é o resultado do completo, ininterrupto e irreversível estado de conscientização da Realidade, citado no último aforismo. Obviamente, esse é um estágio definitivo e claramente definido no infinito desenvolvimento da consciência, sendo atingido somente após uma luta prolongada e intensa, nos estágios precedentes de conscientização parcial e ininterrupta da Realidade. Esse estágio definitivo confere à Mônada individual o privilégio de agir como um *adhikāri puruṣa*, com poderes e responsabilidades definidos como membro da hierarquia oculta, sem jamais perder contato com o mundo da Realidade.

O conhecimento relacionado ao estado de iluminação, atingido após a autorrealização, e a vida da Mônada depois de ter chegado a esse estado, é extremamente escasso e vago na literatura oculta. Mesmo um tratado como os *Yoga-Sūtras*, que lida exaustivamente com os problemas do *yoga*, não dá praticamente nenhuma informação sobre a questão de qual o papel que *puruṣa* representa no drama da manifestação após atingir *kaivalya*. O último aforismo do *Pratyabhijñā Hṛidayam* e numerosos aforismos no *Śiva-Sūtra* projetam alguma luz sobre esse assunto importante e são, portanto, de grande valor para o estudante de ocultismo. O fato de que há uma hierarquia oculta dirigindo e guiando o mundo, e que a humanidade será trazida de volta para o caminho certo, sempre que dele se desviar, dá um raio de esperança, mesmo ao homem comum, e constitui um guia constante e fidedigno, para aqueles que estão em contato com as realidades internas da vida. Isso não é pouco diante das incertezas e terríveis perspectivas que enfrentamos no mundo moderno.

Analisemos, bem rapidamente, o sentido das palavras e frases usadas neste aforismo, a fim de sermos capazes de compreender o significado real dos vários conceitos ocultos profundos, nele corporificados.

Foi feita uma tentativa, na primeira parte do aforismo, de dar uma ideia da natureza do estado supremo atingido na autorrealização. A maneira como essa realização é descrita, neste aforismo, é bastante inusitada, mas interessante. O aforismo se refere a ela, como a descida da abrangente consciência universal para o interior da consciência individual. Isso pode parecer uma maneira estranha de apresentar a ideia, mas, num exame mais atento, verificar-se-á que esse modo de expressão projeta uma nova luz sobre a natureza da autorrealização. Quando a união do finito e do infinito ocorre através de seu centro comum, o processo pode ser descrito, com igual propriedade, como a escalada do finito ao infinito ou a descida do infinito ao finito. O uso da palavra sânscrita *ahaṃtā,* nesta conotação, é também perfeitamente justificado, porque ela é precedida pela palavra *pūrṇa,* que significa "perfeito, total." É realmente uma questão do desaparecimento de um círculo com um imenso raio, de modo que apenas o grande centro, que representa o estado pleno do absoluto, permaneça. É a circunferência que limita um círculo, não o centro. O "estado de ser" ,[23] que inclui todas as coisas no cosmo, é idêntico ao "estado de não-ser".[24]

Qual é a natureza desse supremo estado, que desce sobre o indivíduo liberado, e habilita-o a representar papéis definidos, como um instrumento consciente e eficiente do plano divino? É de se supor que tenha um aspecto dual, correspondendo à consciência e ao poder que estão na base da manifestação, e que estão presentes e indissoluvelmente ligados em todas as expressões da Realidade, num mundo manifestado, derivado dessa Realidade. No aforismo em pauta, esses dois aspectos foram claramente separados e definidos. A definição desses dois aspectos é feita do modo mais condensado possível e, portanto, destaca a parte mais essencial de sua natureza. A arte de apresentar qualquer assunto em forma condensada, como aforismos, consiste em separar o não-essencial do essencial e apresentar somente a essência mais íntima do tema.

O aspecto da consciência do estado atingido na liberação foi definido em três palavras, como *prakāśānandasāra*, no presente aforismo. Esta expressão significa "a essência da luz e da bem-aventuran-

---

[23] *"I" ness* no original (N.E.).

[24] *"I" lessness* no original (N.E.).

ça," obviamente se referindo à natureza *cit-ānanda de ātmā*, mencionada em alguns aforismos precedentes. A substituição de *prakāśa* ou luz por *cit* é facilmente compreensível, pois como está dito em *Science and Occultism*, nos mais altos níveis da manifestação, luz e consciência são dificilmente distinguíveis e podem ser denominados luz da consciência. Eis por que liberação é frequentemente denominada iluminação. A razão do terceiro aspecto da Realidade – *sat* – não ter sido incluído foi explicada ao se comentar o aforismo 16.

O aspecto poder do estado de liberação foi também definida em três palavras, *mahāmantravīryātmaka*. Em outros contextos de *Science and Occultism*, foi comentado como o som está na base do universo manifestado. O poder do som se manifesta através de diferentes combinações de sons chamadas *mantras,* em sânscrito. O estado integrado de todos os *mantras*, do qual são derivadas, na manifestação, todas as combinações de sons, com seus poderes e qualidades específicos, é chamado *mahāmantra*, significando o grande *mantra*. Todo poder associado com a consciência tem suas raízes neste poder integrado do *mahāmantra* e dele deriva. Uma vez que um indivíduo liberado está permanentemente estabelecido no mundo da Realidade, e sua consciência unida com a consciência universal, tal indivíduo pode utilizar, em sua atuação, esse poder infinito e integrado. Esse ponto foi esclarecido em numerosos aforismos do *Śiva-Sūtra*, não sendo necessário comentá-lo aqui.

Na parte anterior do aforismo, analisada acima, foi projetada alguma luz sobre a natureza do estado de liberação. A parte restante do aforismo dá uma ideia sobre a natureza das funções, que tal indivíduo liberado se torna capaz de desempenhar, devido ao fato de sua consciência estar unida à consciência cósmica de *Śiva* e assim ter adquirido a possibilidade de usar o poder cósmico inerente à consciência cósmica.

A maneira pela qual essa função é descrita dá a impressão de que se refere somente à função de um *Īśvara*, mas é necessário que as palavras sejam interpretadas num sentido mais amplo, tomando-se em consideração os ensinamentos da doutrina oculta e os fatos da vida oculta nos reinos super-humanos. A liberação confere o poder de desempenhar a função logoica, porque a consciência de um indivíduo liberado é unida à consciência cósmica, mas esse poder está em potencial e tem de ser desenvolvido, gradualmente, pelo desempenho de outros altos encargos na hierarquia oculta como o de *Manu*. Todas essas funções secundárias, em geral envolvem também o poder de criação, destruição e controle sobre um grupo de entidades e assim refletem, até certo ponto, a função de um *Īśvara*. Não haveria, portanto, inconveniente em interpretar-se o aforismo neste sentido mais amplo. A palavra *Īśvara* significa realmente "governante" ou controlador e é, por conseguinte, aplicável não-somente à divindade que preside a um sistema manifestado como um planeta, sistema solar ou galáxia, mas também a um alto cargo de responsabilidade, em que se requer controle e direção, numa esfera mais limitada de trabalho. A falta de um conceito definido de evolução no Hinduísmo resultou numa supersimplificação de algumas concepções referentes às realidades internas dos planos superfísicos. A falta da concepção de que um ser liberado tem de ocupar muitas funções de crescentes responsabilidades e poder, antes que possa agir como Logos de um sistema solar, é provavelmente devida a esse fato.

Se considerarmos que este aforismo se refere à função *logoica*, então a frase *sadā sarvasargasaṃhārakāri*, obviamente significa o poder de criar e destruir um sistema manifestado em qualquer esfera no tempo e no espaço. Será fácil compreender como esse poder é adquirido por um indivíduo liberado, se lembrarmos que a consciência de tal indivíduo está permanentemente estabelecida no mundo da Realidade que abrange todo o universo. O indivíduo está unido à consciência de *Śiva* e pode, por conseguinte, utilizar o poder universal associado à suprema consciência. Mas o indivíduo usa esse poder como instrumento da consciência de *Śiva* e não como uma entidade independente.

A outra frase *nijasamvid-devatā-cakreśvaratā-prāptḥ*, referente à função de um *Īśvara* num sistema manifestado, é de grande importância, porque projeta alguma luz na unicidade individual de um *Īśvara*, mesmo nos mais elevados estágios do desenvolvimento da consciência. A palavra sânscrita *samvit* tem uma conotação ampla de significados, tais como "consciência", "convênio", "acordo", "senha", todas elas aplicáveis, de certa forma, ao presente contexto, se lembrarmos que a expressão *svasaṃvit* realmente indica a qualidade única e especial de cada alma, a que a literatura teosófica geralmente se refere como "a unicidade individual". É essa unicidade individual de cada Mônada que indica e determina a parte que lhe cabe representar no drama da manifestação, tanto nos estágios inferiores como *jī vātmā*, quanto nos estágios superiores como *Īśvara*.

Este aforismo deveria corrigir a impressão errônea, que alguns estudantes de ocultismo prático têm sobre a natureza da autorrealização. A liberação significa libertação das ilusões e limitações dos mundos inferiores. Isso não quer dizer que, quando a consciência individual de uma Mônada se integra à consciência universal, ela desapareça completamente, fundida nessa consciência. A despeito da expansão e unificação da consciência, o indivíduo liberado mantém sua unicidade individual, que é inerente à própria natureza da Mônada e que é denominada *nijasamvit*, neste aforismo.

O indivíduo liberado não só retém seu centro individual de consciência que é concêntrico com o *mahābī ndu*, o grande centro da consciência universal, mas também adquire o controle e se encarrega de um grupo de deidades que devem ser a ele associadas e trabalhar sob sua direção, no desempenho da tremenda responsabilidade que tomou sobre si, como um *Īśvara* de um sistema manifestado. É uma doutrina oculta muito conhecida que, quando o Logos de um sistema manifestado aparece para servir como deidade dirigente do sistema que criou, ele vem com seu próprio grupo de deidades e hierarquias de seres, que o ajudam no desempenho de seus deveres como Logos. São esses seres, cuja consciência está no mais íntimo contato com a consciência do Logos, que são chamados *Adhikāri Puruṣas* na literatura do ocultismo – a expressão significando "Indivíduos que têm posições de responsabilidade e dispõem do poder necessário para desempenhar seus deveres".

De acordo com a doutrina oculta esses grandes seres, como o próprio Logos, são produtos de evoluções anteriores e têm estado associados com ele, muitas e muitas vezes, em grupos bem entrelaçados, como membros de uma família ou em grupos de trabalhadores operando juntos numa causa comum. As associações entre as almas, no mundo exterior, não são devidas ao acaso, mas às suas relações mútuas, inerentes à própria natureza das Mônadas, que são eternas. Essas associações começam nos primeiros estágios da jornada evolutiva das Mônadas, nos planos inferiores, prosseguindo e se fortalecendo à medida que os indivíduos evoluem mental e espiritualmente. Nos estágios mais elevados, acima do estágio humano, essas relações se manifestam sob a forma de trabalho cooperativo, realizado por indivíduos liberados, na implementação do plano divino. Eis como as relações presentes no imanifestado, em sua forma eterna, encontram expressão nos mundos da manifestação em termos de tempo e espaço.

É necessário lembrar que o funcionamento do Logos ou qualquer outro *Adhikāri Puruṣa*, cooperando com ele na execução do plano divino, não é motivado por qualquer desejo ou vontade individual, mas por amor e desejo puros de ajudar aqueles que estão ainda envolvidos nas ilusões dos mundos inferiores, e pelo propósito de cooperar com a vontade divina, na execução do plano divino. Eis por que esses seres liberados podem trabalhar juntos em perfeita harmonia, compreensão e cooperação. Suas consciências têm raízes na consciência universal, suas vontades estão afinadas com a vontade divina, seus conhecimentos são derivados da mente divina, não havendo, assim, predileções pessoais, nem conflitos de ideais, nem falta de coordenação em suas respectivas atividades nos diferentes campos de trabalho.

A última expressão— *iti-śivam* — deste aforismo, exposta na linguagem sânscrita, pretende transmitir a ideia de que a consciência, que tudo abrange, e o poder infinito, que habilita os indivíduos a desempenhar as funções de um *Īśvara*, ou qualquer outro *Adhikāri*

Puruṣa são realmente a consciência e o poder cósmicos de *Śiva*, e os indivíduos liberados são, meramente, centros de sua consciência e instrumentos de seu poder. Todas essas ideias são expostas, mais detalhadamente, no *Śiva-Sūtra,* por isso é necessário que esses dois tratados sejam estudados juntos.

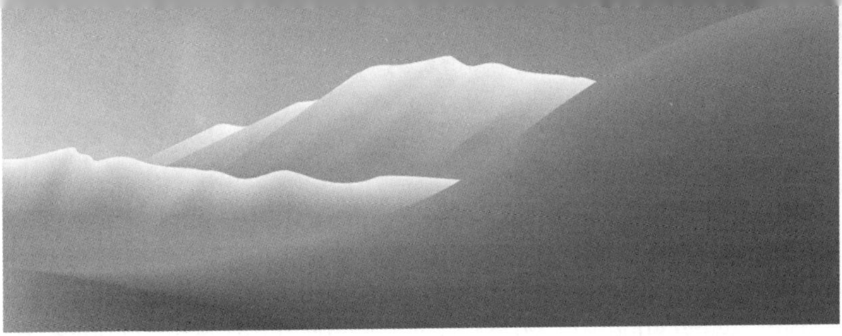

Glossário da Edição Brasileira

INTRODUÇÃO

Este livro contém aforismos de uma antiga e importante corrente filosófica hinduísta, o Shivaísmo da Kaschemira (*Kashemir Shaivism*) traduzidos do sânscrito para o inglês pelo Dr.Taimni, que fez seguir cada aforismo de comentários elucidativos. É considerado útil e proveitoso para todas as pessoas interessadas no pensamento filosófico oriental e no cultivo do desenvolvimento das faculdades espirituais, objetivo geralmente presente nas velhas escrituras daquela parte do mundo.

Este glossário contém apenas palavras sânscritas que estão presentes no texto e não foram explicadas. O Dr. Taimni faz, nos seus comentários, explanações detalhadas sobre os termos por ele considerados difíceis, ou que estejam empregados de maneira não muito usual. A nós coube tentar esclarecer as expressões mais comuns.

Esperamos que este pequeno glossário seja útil aos leitores.

Os editores.

A:

Abhāsana – Fenômeno passageiro e, portanto, irreal.

Abhiniveśa - Forte desejo de viver na forma. É a última das cinco causas fundamentais de todos os sofrimentos que afligem o homem (v. *sūtra* II-9 dos *Yoga-Sūtras* de *Patañjali*) chamadas *kleśas* em sânscrito.

Adhikari - É o qualificativo aplicado a um Ser liberado que encarna com a finalidade de ajudar na evolução dos outros seres.

Agni - Fogo.

Amarśat - Consciência permanente, por parte de um indivíduo, de unidade com a consciência universal.

Ānanda - Bem-aventurança; felicidade.

Anu - Átomo; ponto; unidade. Também é o nome de uma deidade babilônica.

Anurūpa - Significa correspondente, no texto (aforismo 3).

Ātmā - Espírito, Mônada ou *Puruṣa.* Nominativo singular de *Ātman.* Dr. Taimni sustenta o caráter dual do veículo *átmico*, com um aspecto individual e outro universal, da seguinte forma: "O veículo átmico pode também ser imaginado consistindo em um único átomo do Plano *Átmico* no qual a consciência tem a faculdade de expandir-se alternadamente com inconcebível rapidez, expandindo-se para incluir a consciência de todo o plano e contraindo-se num ponto para dar colorido individual a essa consciência que tudo abrange. Vide nota pp. 8-9.

Ātman - O Espírito ou Mônada Divina.

Atmasātkaroti - Refere-se a uma experiência *yoguica* (Af. 15).

Asmitā - Egotismo. Sentimento de "Eu". Segunda dos cinco *kleśas* ou aflições (v. *sūtra* II-6 dos *Yoga-Sūtras de Patañjali*).

Avidyā - Ignorância espiritual ou falta de autoconhecimento do nosso verdadeiro *Self.*

B:

Bhakti - Devoção. (*Bhakti-Yoga* é a prática do *yoga* devocional ou do amor).

Bhāvana - Em manifestação.

Bheda-bhāva - Ilusão da vida separada.

Buddhi - Percepção espiritual, ou discernimento.

C:

Caitanya - (*Chaitanya* no Glossário de G. A. Barborka). Significa consciência. O vocábulo é geralmente usado para a consciência cósmica, ou para a inteligência cósmica.

Cetan'pi - Pura consciência (no contexto).

Cit - Consciência universal ou divina, pura ou abstrata, em seu aspecto "mente".

Citi ou ***Citti*** - Consciência Universal ou Mente Universal. A Realidade Última em seu aspecto de *cit.*

Cita ou ***Citta*** - Mente individual.

Cittam - Mundo da mente.

D:

Dardhyam - Firme; constante.

Dharma - A Lei da retidão ou do dever.

Dharma-megha-samādhi - O último *samādhi* para *o* atingimento da "Liberação". Literalmente: "a última passagem pela nuvem" nos *Yoga-Sūtras* de *Patañjali.*

G:

Guru - Instrutor espiritual.

H:

Hṛidayam – É composta de duas sílabas "Hrt" e "Ayam" que significa "Eu sou o Coração". Vide nota p. 7.

I:

Īśvara - Literalmente, o Senhor, referindo-se a um Deus pessoal, um Logos de um Sistema Solar. (v. Patañjali: *sūtras* de I-23 a I-29).

It-Śivam - A consciência e o poder cósmicos de *Śiva.*

J:

Jada - Inanimado; inconsciente. A base do mundo objetivo.

Jñānabandhah - Conhecimento que escraviza por ser ilusório.

Jīva - A personalidade, quaternário mortal ou eu inferior.

Jivanmukta - Vida liberada. *Mahātmā ou Yogue* que se libertou da roda dos nascimentos e mortes.

Jīvātmā - A Individualidade, alma, tríada imortal ou Eu Superior reencarnante. (Vide nota p. 43).

K:

Kaivalya - Libertação, isolamento do *puruṣa* ou independência em relação à matéria (*prakṛti*), conforme os *Yoga-Sūtras* de *Patañjali.*

Karma - Ação.

Kleśas - As causas do apego à vida e consequentes sofrimentos e aflições.

Krama – Processo; método. No caso o processo cósmico da manifestação.

Kuṇḍalinī – Energia ígnea sutil, também chamada de fogo serpentino, porque uma vez desperta, é na verdade semelhante a um fogo líquido que circula em espiral qual uma serpente. É um dos poderes místicos do *yogue* que vivifica os diversos veículos humanos possibilitando a clarividência, de modo que os mundos superiores possam se abrir ante nós em sucessão. É uma força criadora que, uma vez despertada, pode matar tão facilmente quanto criar. No homem comum, a *kuṇḍalinī* está latente ou adormecida no *chakra* ou centro de força sutil da base de sua coluna, sem que em toda a sua vida terrena ele note ou lhe suspeite a presença. De modo nenhum se deve tentar despertá-la, a não ser por expressa sugestão de um *Mahātmā* ou Mestre verdadeiramente qualificado que vigie seu discípulo durante as sucessivas etapas do processo.

L:

Laya - Dissolução. Um Centro (ou Ponto) *Laya* é o estado em que a substância (*prakṛiti*) se torna homogênea e incapaz de ação ou diferenciação.

Loka - Região, lugar ou mundo. Também pode indicar um estado de consciência.

M:

Madhya - Centro; intervalo; meio.

Maha - Grande.

Mahābindu - Grande ponto.

Mahākāśa - O Grande espaço.

Mahāmantra - Grande mantra.

Mahāmantravīryatmaka - O aspecto poder no estado de Liberação.

Mahātmā - Literalmente Grande Espírito ou Grande Alma. Usualmente designa um Mestre de Sabedoria, que libertou-se das reencarnações compulsórias.

Maheśa - Grande Senhor (epíteto geralmente aplicado a *Śiva*).

Mantra - O poder do som usado como invocação ou para efeitos mágicos.

Manu - Regente (de um sistema planetário, de uma raça, de um conjunto de raças, etc.).

Maya - Ilusão. O Poder Cósmico que torna possível a existência do mundo fenomenal e a percepção do mesmo.

Māya-pramātā - Conhecimento ilusório. (*Śivapramātā* é o conhecimento verdadeiro).

N:

Nādis - Condutores de energias; canais para a circulação de *prāna* e outras espécies de energias no corpo humano. Têm relação com a contraparte etérica do corpo físico.

Niskāma-karma - Ação livre do desejo.

Nirodha - Restrição, controle e inibição. A frase *citta-vritti-nirodha* é traduzida como: "inibição das modificações da mente" (*Patañjali, sūtra* I-2).

Nityodita - Sempre presente.

Nityodita Samādhi – É, no texto, o *samādhi* final ou a Liberação. Corresponde ao *Dharma-megha-samādhi* do *yoga* de *Patañjali.*

P:

Paramātmā - A Alma Suprema do universo. O Espírito Universal, Logos ou *Īśvara.*

Pradhāna - Matéria indiferenciada. Para algumas escolas é o *akāsha.* Para os vedantinos é *mula-prakṛiti*, a raiz da matéria.

Prakāsha - Luz.

Prakāśanandaśara – "a essência da luz e da Bem-aventurança".

Prakṛti - A natureza material. Matéria.

Pralaya - Literalmente dissolução. Período de repouso.

Prāna - O princípio vital.

Pratyabhijñā - Reconhecimento espontâneo. Vide nota p. 7.

Pratyaya - O conteúdo da mente em cada um dos planos.

Purānas - Literalmente "antigos". Os *purānas* são lendas, ou narrativas, constantes da literatura hindu antiga.

Purna - Pleno; cheio; completo.

Puruṣa - O *Self* espiritual. A natureza espiritual. A consciência espiritual individual.

R:

Rudra - Um dos nomes de *Śiva*. Aparece como um dos componentes da Trindade hindu nas escrituras mais antigas: *Brahma, Viṣṇu e Rudra*. *Rudra* é o *Śiva* védico.

S:

Sādhaka - Estudante, aluno, aspirante à vida espiritual.

Śakti - O aspecto poder de *Śiva* – que representa a vontade – na criação de um universo objetivo. Também se aplica a outras deidades como sendo a esposa, ou o poder ativo de cada uma.

Samādhi - Êxtase, último estágio na prática do *yoga*.

Śamkarācārya - Nome de um grande reformador religioso da Índia, fundador da filosofia Vedanta.

Saṃsāra - Literalmente "roda"; ciclo ou roda de nascimentos e mortes. Termo usado para significar o aprisionamento da alma na vida ilusória dos mundos objetivos.

Saṃsārī - A alma individual envolvida nas ilusões do mundo e no ciclo de reencarnações.

Sat - A "Realidade" eternamente presente na "Criação".

Sat-Guru - Um verdadeiro mestre, aquele que já passou por todas as experiências que a vida nas encarnações sucessivas pode oferecer, atingiu a Liberação e está, assim, habilitado a ensinar.

Sattva - Harmonia, ritmo, equilíbrio.

Siddhi - Termo aplicado aos poderes psíquicos ou paranormais sobre a matéria exibidos por alguns *yogues*, além do significado explicado no texto.

Śiva ou *Shiva* - A pronúncia é a mesma em ambas as palavras. A pronúncia "sh" é indicada em *Śiva* pelo acento sobre o S. *Śiva* é a terceira pessoa ou aspecto da *Trimurti* (três corpos) da Trindade hindu, a saber: *Brahma*, o Criador; *Viṣṇu*, o Mantenedor; e *Śiva*, o Destruidor e Regenerador. Filosoficamente é a Consciência Universal.

Srsti - Período de atividade na manifestação de um sistema, ao contrário de *pralaya* que é o período de repouso quando a manifestação divina deixa de existir.

Suṣumnā - Canal etérico para a passagem de energias sutis, localizado na medula espinhal.

Sūtra - Aforismo.

Svatantrā - Autodeterminada.

T:

Tattva - Princípio; energia.

V:

Vahni - O mesmo que Agni. Da mesma natureza do fogo. O fogo da mente que consome tudo o que é ilusório.

Vairāgya - Ausência de desejo, desapaixonamento, desapego.

Viveka - A faculdade de distinguir entre o certo e o errado. Discernimento.

Informações sobre Teosofia e o Caminho Espiritual podem ser obtidas na Sociedade Teosófica no Brasil, no seguinte endereço: SGAS - Quadra 603, Conj. E, s/nº, CEP 70.200-630 Brasília, DF. O telefone é (61) 3226-0662. Também podem ser feitos contatos pelo telefax (61) 3226-3703 ou e-mail: st@sociedadeteosofica.org.br - www.sociedadeteosofica.org.br.

gráfika®
papel&cores

(61) 3344-3101
papelecores@gmail.com